Sachbericht und Gutachten

Eine Anleitung in Grundrißform

Von

Dr. Edmund Keßler
Landgerichtsrat
Mitglied des Justizprüfungsamtes in Kassel

Zweite erweiterte Auflage

1937
München, Berlin und Leipzig
J. Schweitzer Verlag (Arthur Sellier)

Druck von Dr. F. P. Datterer & Cie., Freising-München.

Inhaltsverzeichnis.

Leitgedanke der ersten Auflage.

Es mag auf den ersten Blick verwunderlich erscheinen, daß eine weitere Anleitung für die Anfertigung von Sachbericht und Gutachten herausgebracht wird, und zwar deshalb, weil bereits eine umfangreiche einschlägige Fachliteratur für dieses Ausbildungsgebiet vorhanden ist. Dennoch ist in der Praxis sowohl von Seiten der Ausbilder als auch insbesondere seitens der Referendare der Wunsch nach einer neuen Anleitung laut geworden, die sich nicht im Inhalt, sondern lediglich in der Methodik und im Umfang von den bisherigen Arbeiten unterscheidet. Es besteht der Wunsch nach einem Grundriß, der in gedrängter Kürze und übersichtlicher Systematik die notwendige Blickrichtung für die Anfertigung von Sachbericht und Gutachten und die entscheidenden Grund- und Aufbaulinien für diese Arbeiten vermittelt. Frei von Einzelheiten und Kleinigkeiten, auf die es zwar auch ankommt, die aber für den noch nicht geschulten Jungjuristen leicht eine Gefahr bedeuten, da sie den Blick von dem Wesentlichen und Grundlegenden ablenken. Unbeschwert von Anmerkungen, um die Geschlossenheit des Ganzen zu gewährleisten.

Diese Lücke zu schließen, will ich mit der vorliegenden Arbeit versuchen, nicht um mit den ausgezeichneten Vorgängern und Vorbildern auf diesem Fachgebiet in Konkurrenz zu treten, sondern lediglich um den Ausbildern wie den Referendaren ein Lehrmittel in die Hand zu geben, was das Grundsätzliche und Regelmäßige vermittelt. Benötigt der Referendar Aufschluß über Einzelheiten, die im Rahmen dieser Arbeit nach ihrer Zweckrichtung keinen Raum finden konnten, so soll er sich in den vorhandenen ausgezeichneten Facharbeiten, die im Verhältnis zu meinem Büchlein etwa die Aufgabe des Kommentars erfüllen, Rat und Auskunft holen.

Aus dieser Zielrichtung der vorliegenden Arbeit ergibt sich ein weiteres: es müssen die Regeln dargestellt werden, die im Augenblicke für die Ausbildung gelten und im Examen vorausgesetzt werden. Es konnte also deshalb nicht Aufgabe dieses Büchleins sein, neue Wege und Gedanken zu entwickeln und zu gehen. Solches muß einer besonderen Reformarbeit vorbehalten bleiben.

Noch eines: Für Anregungen und Wünsche aus den Kreisen der Juristenschaft, insbesondere der Referendare, wäre ich sehr dankbar. Denn selbstverständlich möchte ich gerade die Schwierigkeiten behandeln und ausräumen, die in der Praxis auftauchen. Ich werde solchen wertvollen Fingerzeigen bei der 2. Auflage gern und in weitestgehendem Maße Rechnung tragen.

Kassel, den 8. Juni 1935. **Dr. Keßler.**

Zur zweiten Auflage.

Das Geleitwort der ersten Auflage gilt unverändert auch für diese. Mein Ziel ist nach wie vor ausschließlich, in der Form des Grundrisses das Warum und Weil des Aufbaues von Sachbericht und Gutachten darzustellen. Um diesen Charakter des Büchleins zu erhalten, habe ich auch auf größere Erweiterungen verzichten müssen, da sonst das Grundsätzliche und Richtunggebende durch die Fülle der Einzelheiten zurückgedrängt werden würde.

Kassel, den 8. August 1937.

Dr. Keßler.

I. Grundsätzliches.

Was ist ein Aktenbericht?

Von vornherein ist hier ein Unterschied wichtig:

Es gibt zwei Arten von Aktenberichten

1. den Aktenbericht der Vorbereitungszeit,
2. die häusliche Arbeit des Assessorexamens.

Der Aktenbericht der Vorbereitungszeit besteht aus:

a) Sachbericht,
b) Gutachten.

Die häusliche Arbeit besteht aus:

a) Gutachten,
b) ungekürztem Urteilsentwurf.

Der Urteilsentwurf setzt sich zusammen:

1. aus Urteilseingang,
2. aus Urteilsformel,
3. aus ungekürztem Tatbestand,
4. aus den Entscheidungsgründen.

Warum dieser Unterschied zwischen dem Aktenbericht der Vorbereitungszeit und der häuslichen Arbeit?

Der erstere dient vor allem der Schulung, er ist in erster Linie Lehrmittel,

der zweite dagegen soll am Abschluß der Vorbereitungszeit unter Beweis stellen,

daß der Referendar fähig ist, selbständig und eigenverantwortlich als Richter praktisch tätig zu sein.

Und deshalb muß der Referendar im Examen zeigen,

daß er in der Praxis auch gelernt hat, ein in sich geschlossenes, in der sachlichen Entscheidung wie der Sprache lebensnahes und volksverständliches Urteil abzufassen.

Neben der Schulung in der Anfertigung von Sachbericht und Gutachten muß deshalb die ebenso gründliche Schulung in der Urteilsanfertigung einhergehen!

Die Übung im Urteilsentwurf, insbesondere im Urteilsaufbau und in der Urteilssprache ist für das praktische Leben sogar das Wichtigere.

Nur der kann aber ein gutes Urteil fertigen, der zunächst einmal gelernt hat, einen guten Aktenbericht zu machen.

Das eine baut sich auf dem anderen auf!

Trotz des festgestellten Unterschiedes dient der Aktenbericht der Vorbereitungszeit gleichzeitig auch in bester Weise
der Schulung für die häusliche Arbeit.

Denn in beiden Arbeiten ist
ein Gutachten zu liefern,
für das also die gleichen Regeln zur Anwendung kommen.
Denn in beiden Arbeiten ist
eine Darstellung des Sach- und Streitstoffes zu bringen;
im Aktenbericht der Vorbereitungszeit: der Sachbericht,
in der häuslichen Arbeit: der Tatbestand des Urteils.

Für beide Sachdarstellungen gelten im Wesentlichen dieselben Regeln und Grundsätze, sodaß der Referendar mit der Anfertigung von Sachberichten zugleich auch die Kunst des Tatbestandes erlernt.

Die Übung im Aktenbericht der Vorbereitungszeit ist also das beste und sicherste Vorbereitungsmittel für die häusliche Arbeit im Examen.
Und darum soll und muß sich der Referendar so früh wie möglich mit den Grundregeln von Sachbericht und Gutachten wie Urteilen vertraut machen.
Nicht im Sinne eines nur äußerlichen Einprägens,
sondern im Sinne einer geistigen Verarbeitung,
im Sinne der Erkenntnis der inneren Gründe, die zu diesen Regeln des Sachberichts, Gutachtens und Urteils geführt haben.

Der Referendar darf sich nicht damit begnügen, zu wissen, wie es gemacht wird, sondern diese Regeln haben nur Wert, wenn der Referendar auch weiß, warum es so gemacht werden muß.

Dann wird der Referendar auch niemals an diesen Regeln als starren, toten Prinzipien kleben, sondern sie als das werten, was sie sind:
als Wegweiser, Richtungszeiger und Erfahrungssätze!

In welchem Zeitpunkt soll man nun die Regeln über Sachbericht, Gutachten und Urteil durcharbeiten?

Der Wichtigkeit von Sachbericht und Gutachten für Ausbildung und Praxis des jungen Rechtswahrers entspricht es,
daß die Regeln über Sachbericht, Gutachten und Urteilsentwurf schon beim kleinen Amtsgericht durchgearbeitet werden müssen,
denn hierauf baut sich letzten Endes die gesamte zivilprozessuale Ausbildung der Referendare auf.

Deshalb hat der Reichsminister der Justiz durch Rundverfügung vom 30. Januar 1937 — 2200 — RJP. e 156 — angeordnet,

daß jeder Referendar während der siebenmonatigen Amtsgerichtszeit

zwei Sachberichte und Gutachten über bürgerliche Rechtsstreitigkeiten,
drei Zivilurteilsentwürfe
und außerdem drei Strafurteilsentwürfe

zu fertigen hat, die mit einer Beurteilung des ausbildenden Richters dem Landgerichtspräsidenten einzureichen sind. Die Arbeiten sind zu dem Anlageheft des Zeugnisheftes zu nehmen.

Der Amtsrichter hat also während des ersten Ausbildungsabschnittes

eine Einführung und Anleitung des Referendars in die Regeln von Sachbericht und Gutachten vorzunehmen.

Eine Einführung, da dem Referendar all dieses noch fremd und zunächst mangels Kenntnis und Einsicht der inneren Gründe oft unverständlich ist.

Eine Anleitung, weil hier Selbständigkeit zunächst schadet und meist auf falsche Wege führt.

Hinzu tritt als Drittes,

Übung in Sachbericht und Gutachten!

Nicht an schweren oder auch nur schwierigeren Fällen, nein, an ganz einfachen, leichten und praktischen Beispielen.

Übung macht den Meister, das gilt hier wie sonst! Der Referendar soll noch keine schwierigen Fälle lösen, er soll lernen und so festen Fuß fassen, damit er organisch auf den erworbenen Grundkenntnissen aufbauen kann.

Aufgabe des ersten Ausbildungsabschnittes ist also hinsichtlich Sachbericht und Gutachten ausschließlich Einführung, Anleitung und Übung.

Nicht mehr und nicht weniger!

Das bedeutet:

1. daß das kleine Amtsgericht eine neue, äußerst verantwortungsvolle und schwierige Ausbildungsaufgabe zugewiesen erhalten hat,
2. daß diese Aufgabe wegen ihrer Bedeutung für die gesamte wei-

tere Ausbildung und Entwicklung des jungen Rechtswahrers nicht ernst genug genommen werden kann.

Die Ausbildung muß beim kleinen Amtsgericht hiernach die Gewähr bieten,

daß den Referendaren gediegene, gründliche und praktisch wertvolle Grundkenntnisse von Sachbericht und Gutachten wie Urteil vermittelt werden, auf denen sie in selbständiger Weiterarbeit aufbauen können.

Praktische Winke für den ersten Ausbildungsabschnitt:

1. Hinsichtlich Sachbericht, Gutachten und Urteil darf man — selbst bei tüchtigen Referendaren — nichts voraussetzen.

2. Die Grundfragen müssen deshalb vorher, d. h. vor der Betrauung mit solchen Arbeiten

systematisch und eingehend besprochen und an Hand von praktischen Beispielen veranschaulicht und erläutert werden.

3. Das Wichtigste bei dieser Einführung ist es, dem Referendar den Sinn und die inneren Gründe der Regeln klarzumachen.

Ohne Kenntnis und ohne klares Verständnis des Warum kann der Referendar keinen guten und nutzbringenden Aktenbericht fertigen.

4. Restlose Klarheit über das Grundsätzliche ist wesentliche Voraussetzung, denn die Referendare gewöhnen sich sonst Fehler an, die auszumerzen nach meinen Erfahrungen sehr schwer ist.

5. Es hat keinen Zweck, sofort bei Dienstantritt mit der Einführung zu beginnen.

Man muß dem Referendar vielmehr zunächst Zeit lassen, sich einzuleben und allgemein in der Praxis warm zu werden.

Erfahrungsgemäß ist der Schritt von der Theorie zur Praxis für viele nicht leicht, und der Referendar muß deshalb zunächst einmal Gesamtschau halten, ehe er näher mit Sondergebieten befaßt werden kann.

6. So muß sich der Referendar auf dem Gebiete des Zivilprozesses zunächst in der Anfertigung der Verhandlungsprotokolle wie der Anwendung der einschlägigen Bestimmungen — §§ 151 ff. ZPO. — üben, damit er das Technische kennen und beherrschen lernt und so allmählich und organisch in das Wesen des praktischen Zivilprozesses hineinwächst.

7. Ebenso ist das Durchgehen der Zivilprozeßord-

nung in ihren wichtigsten Bestimmungen Voraussetzung für den Erfolg.

Es ist zu bedenken, der Referendar kennt die ZPO. von der Hochschule her nur in den Grundzügen und ohne nähere praktische Anschauung und Vorstellung.

Die ZPO. muß dem Referendar also zunächst vom Standpunkt des Praktikers aus nahegebracht werden.

8. Weiter muß der Referendar noch zuvor im Aktenlesen geschult werden,

Hierbei wird man ihn zunächst mit den Formalien und dem Technischen vertraut machen

und dann den Blick auf den Sach- und Streitstoff lenken, um so allmählich das Empfinden für das Wesentliche zu schärfen.

9. Nach diesen Vorbereitungen ist der rechte Augenblick für die grundsätzliche Schulung gekommen,

die nicht praktisch, beispielhaft und anschaulich genug sein kann;

a) man kann die Regeln von Sachbericht und Gutachten nicht auf einmal und nicht in einer Stunde durchsprechen,

b) man muß vielmehr hierauf eine ganze Reihe von Besprechungen verwenden,

c) man muß den Referendar dahin bringen, daß er seine Zweifel, Bedenken und so fort durch Fragen zur Sprache bringt,

d) man muß hier organisch und pädagogisch vorgehen, eines muß aus dem anderen folgen und so alles in sich und als Ganzes verständlich sein,

e) deshalb für jede Regel Beispiele,
deshalb für jede Regel Gründe!

f) man beginnt mit den Regeln über den Sachbericht, da die Sammlung und Ordnung des Tatsachenstoffes voranzugehen hat. Auch ist diese Schulung — wegen ihres Gegensatzes zur Hochschule, die immer fertige Tatbestände stellt —, zunächst das Wichtigere,

g) sind die Regeln des Sachberichtes durchgesprochen, dann müssen dieselben laufend wiederholt und durch praktische Übung gefestigt werden.

Die Übung geschieht am besten

durch schriftliche Anfertigung von Sachberichten,

durch schriftliche Gliederungen, die stichwortartig den Streitstoff zusammenfassen,

durch Stoffsammlungen nach dem Muster S. 46 des Grundrisses,
durch Vortrag von Sachen.

Beim Vortrag ist von Anfang an zur freien Rede zu erziehen, die bei der zu fordernden genauen Aktenkenntnis als selbstverständlich zu verlangen ist.

Nicht an den Akten kleben!

Jeder Referendar wird später einsehen, wie notwendig und richtig es ist, wenn man sich von vornherein zum freien Vortrag erzieht.

Auch hier macht Übung den Meister!

h) anschließt sich die systematische Durchsprechung des Gutachtens.

Auch hier für jede Regel Beispiele!

Auch hier für jede Regel Gründe!

Auch für das Gutachten braucht man mehrere Besprechungen.

Man darf nicht vergessen, daß dieses alles für den Referendar Neuland ist, er muß sich erst in die Dinge und Gedankengänge hineinfinden. So wird z. B. die Schlüssigkeitsprüfung der Klage allein mindestens eine Besprechung in Anspruch nehmen,

i) auch hier dann Wiederholung und Übung
durch schriftliche Anfertigung von Gutachten,
durch schriftliche Gliederungen,
durch schriftliche stichwortartige Gutachten,
durch Vortrag von Sachen,

k) all diese Vorbereitungen schulen ganz vorzüglich, da sie den Referendar durch die eigene praktische Anwendung der kennengelernten Regeln sicherer und auch klarer machen.

10. Für die nunmehr zu fertigenden beiden Aktenberichte sind die Sachen nach rein pädagogischen Gesichtspunkten auszuwählen.

Es ist zu bedenken,

a) daß der Referendar noch am Beginn seiner Praxis steht,

b) daß ihm alle Regeln noch neu sind und ihm daher oft Schwierigkeiten machen, an die der Praktiker gar nicht denkt,

c) daß ein leichtes Übungsbeispiel für die Förderung des Referendars viel nützlicher ist als ein schwierigeres, das den Referendar nur unsicher machen würde.

Es ist deshalb ein Fehler, einem Referendar als ersten Aktenbericht einen tatsächlichen oder rechtlich verwickelten oder schwierigeren Fall zu geben.

Beide Aktenberichte des ersten Ausbildungsabschnittes müssen einen einfachen Fall zum Gegenstand haben.

Die Fälle sollen sich lediglich in der Art unterscheiden.

Beispiele: 1. Aktenbericht: Kaufpreisklage mit den üblichen Einwendungen,
2. Aktenbericht: Widerspruchsklage
oder
1. Aktenbericht: Darlehnsklage, Bürgschaftsklage oder ähnliches,
2. Aktenbericht: Autounfallprozeß mit Augenscheinseinnahme
oder
1. Aktenbericht: Fall mit kleiner Beweisaufnahme, die der Referendar möglichst selbst miterlebt hat,
2. Aktenbericht: Leichter Fall mit Klage und Widerklage.

11. Sind geeignete laufende Sachen nicht in hinreichender Zahl vorhanden, dann müssen aus früheren Jahrgängen geeignete Sachen herausgesucht und bereitgehalten werden.

12. Eine Selbstverständlichkeit ist, daß gründliches und ständiges Eigenstudium der Referendare hinzutreten muß, denen die einschlägige Literatur Hilfs- und Lehrmittel in reicher Zahl zur Verfügung stellt.

13. Die Durchsicht der Aktenberichte muß seitens des Ausbilders mit größter Sorgfalt erfolgen.

Dieselbe muß Hand in Hand gehen mit einer eingehenden mündlichen Besprechung der gemachten Fehler.

Hierbei kommt es entscheidend auch wieder darauf an, dem Referendar zu zeigen,

warum es falsch ist und warum und wie es richtig gemacht werden muß.

14. Bei der Bewertung der Aktenberichte wird man sich stets vor Augen halten müssen, daß der Referendar sozusagen Probeleistungen, Versuche bringt; etwas Fertiges und Fehlerfreies also gar nicht erwartet werden kann.

15. Im Anschluß an die Aktenberichte sollte der Referendar nach Möglichkeit in den so bearbeiteten Sachen auch noch als Schlußstein

die Urteilsentwürfe fertigen, sodaß er auf diese Weise zwei Fälle restlos in tatsächlicher wie rechtlicher Beziehung durchführt und auswertet.

Ein Schulungsmittel, das sich bestimmt bewähren wird!

16. Zuvor wird es aber Aufgabe des Ausbildungsrichters sein, dem Referendar die Unterschiede zwischen Aktenbericht und Urteil, insbesondere zwischen Gutachten und Entscheidungsgründen zu veranschaulichen und eindringlichst zum Bewußtsein zu bringen.

Ergänzende und unterstützende Arbeit haben die für die Referendare des ersten Ausbildungsabschnittes am Sitze des Landgerichts gebildeten Übungen (vgl. Rundverfügung des Reichsministers der Justiz vom 22. Januar 1936 RJP. e 122) zu leisten, die gerade für die Einführung in die Aktenberichte bestimmt sind.

Die landgerichtliche Ausbildungszeit bei der Zivilkammer bleibt nach wie vor die Hauptstation für die Aktenberichte.

Diese bildet den Kern der gesamten praktischen Zivilrechtsausbildung der Referendare.

Zur Verfügung stehen nur vier Monate, eine knappe und deshalb voll auszunützende Zeit.

Was der Referendar hier nicht lernt, das wird er kaum noch nachholen können!

Mit Beendigung der Zivilkammer-Ausbildung muß der Referendar im Grundsätzlichen der Aktenberichte wie der Urteile sicher sein und dieses voll beherrschen.

Hieraus folgt hinsichtlich der Referendare:

1. daß der Referendar während dieser Ausbildungszeit seine besten Kräfte einsetzen muß, um über das Anfängertum im Aktenbericht wie Urteilsentwurf hinwegzukommen,
2. daß der Referendar sich während dieser vier Monate intensiv seiner praktischen Ausbildung widmen muß, wenn er das Ausbildungsziel dieser schweren Station voll erreichen will,
3. daß die vier Monate eine Mindestzeit bedeuten, die für viele Referendare zu knapp und kurz ist,
4. daß es besser ist, sich bei der Zivilkammer um einen, zwei oder gar drei Monate verlängern zu lassen, anstatt unfertig und ohne festen Fuß gefaßt zu haben, in der Ausbildung fortzuschreiten,
5. daß sich der Referendar bei der Anfertigung der Aktenberichte

größter Gründlichkeit und Sorgfalt befleißigt, weil diese Arbeitsweise zugleich das beste Schulungsmittel der praktischen Fortbildung überhaupt ist.

Hinsichtlich der Ausbilder:

1. daß jeder Ausbilder die Pflicht hat, die knappe Ausbildungszeit von vier Monaten so intensiv wie nur irgend möglich zu gestalten,
2. daß an die Vorschulung des Amtsgerichts angeknüpft und auf dieser aufgebaut werden muß.

   Der Ausbilder wird also zunächst durch eine gründliche Besprechung der Regeln festzustellen haben, wie weit der Referendar schon ist und wo und mit welchen Mitteln die Ausbildung einzusetzen hat.
3. daß der Referendar die vollen vier Monate bei einem Ausbilder bleiben muß,
4. daß man dem nunmehr beim Amtsgericht vorgeschulten Referendar möglichst sofort nach Dienstantritt den ersten Aktenbericht geben soll.

   Die kostbare Zeit muß gut und zweckvoll eingeteilt werden!
5. daß dem Referendar niemals zu gleicher Zeit zwei Aktenberichte gegeben werden dürfen.

   Dieser nicht selten zu beobachtende Mißstand kann nicht scharf genug verurteilt werden.

   Man darf nie vergessen, daß es sich um Ausbildung und Schulung der Referendare handelt,
6. daß die zwei — dies entspricht jetzt der Regel — zu fertigenden Aktenberichte nach pädagogischen Gesichtspunkten ausgewählt werden müssen.

   Auch bei der Zivilkammer ist es trotz der Vorübung beim Amtsgericht ein Fehler, dem Referendar sofort eine besonders schwierige Sache zu geben.

   Der Ausbilder wird die vom Referendar beim Amtsgericht gelieferten Aktenberichte einsehen, daraus die Fortschritte feststellen und bei der Auswahl der Aktenberichte an den Stand der Ausbildung anknüpfen.

   Man muß bedenken, daß die Zivilkammerausbildung Spezialausbildung ist, während das Amtsgericht auf allen Rechtsgebieten in die Praxis einführen und für diese schulen soll.

   Ist ein Referendar noch schwach, dann lieber zunächst noch einen ganz einfachen Fall zur weiteren Einarbeitung und dann erst die beiden größeren Aktenberichte.

Jeder Referendar muß die Sache erhalten, an der gerade er am meisten lernen kann!

Der erste Aktenbericht muß daher in der Regel einen mittelschweren Fall zum Gegenstand haben,
der zweite einen schwierigeren.

Die Anforderungen müssen mit jedem Aktenbericht gesteigert werden, und zwar je nach den Fortschritten des einzelnen Referendars. Es kommt vor allem darauf an, daß die Referendare in der Anwendung der Regeln sicher werden.

Praktisch können die Fälle etwa so aussehen:

leichter Fall: — falls die Aktenberichte beim Amtsgericht schwach sind —	= tatsächlich einfach, einige aber leichtere prozessuale Schwierigkeiten oder Besonderheiten und eine mittelschwere Rechtsfrage oder tatsächlich wie rechtlich einfach mit kleiner Beweisaufnahme;
mittelschwerer Fall: — als erster Aktenbericht —	= Schwierigkeiten in tatsächlicher Hinsicht und mit umfangreicherer Beweisaufnahme Unfallprozeß mit Klage und Widerklage;
schwierigerer Fall: — als zweiter Aktenbericht —	= tatsächlich wie rechtlich verwickelt mit schwierigerer Beweiswürdigung oder Berufungssache oder schwieriger Unfallprozeß oder Anfechtungsprozeß nach Gläubiger-Anfechtungsgesetz mit prozessualen Besonderheiten.

Das sind nur einige Beispiele, die sich beliebig vermehren ließen.

Entscheidend, daß dem erzieherischen Gesichtspunkt, dem Schulungszweck ausschlaggebend Rechnung getragen wird.

Es darf nicht vorkommen,

1. daß ein Referendar als ersten Aktenbericht eine Berufungssache erhält,
2. daß ihm hierfür eine Restitutionsklage gegeben wird,

3. daß der Aktenbericht nach erfolgter Durchsicht nicht mit dem Referendar durchgesprochen wird.

Die nutzbringende Besprechung der Fehler ist das Wichtigste für den Referendar.

Hiefür muß sich der Ausbilder Ruhe und Zeit nehmen.

Dem Referendar muß gesagt werden, was er falsch gemacht hat, warum es falsch ist und wie man es richtig macht.

Es darf nicht vorkommen,

4. daß Urteilsentwürfe der Referendare in den Papierkorb wandern, ohne mit den Referendaren besprochen zu werden,
5. daß die Durchsicht der Aktenberichte nur flüchtig und ohne Ausbildungswert geschieht.

   Man muß von dem Referendar größte Gründlichkeit und Sorgfalt fordern, dafür aber auch selbst zu ernsthafter Prüfung und Beurteilung wie Besprechung der Aktenberichte bereit sein,
6. daß unzulängliche oder gar ungenügende Aktenberichte mit „ausreichend" bewertet werden, um den Referendar möglichst bald los zu werden,
7. daß andererseits zu strenge Anforderungen gestellt werden, denn man darf nicht vergessen, daß die Referendare noch keine fertigen Praktiker sind, sondern es erst werden wollen,
8. daß der Referendar wegen schlechter Zeiteinteilung den Aktenbericht in einer Woche oder gar in wenigen Tagen hinhauen muß.

   Die Normalzeit für die Anfertigung der Aktenberichte wird zwei Wochen betragen, bei schwierigeren Sachen drei. Nur wenn diese Zeiten eingehalten werden, hat die Anfertigung Sinn und Zweck.

   Andererseits darf diese Frist auch nicht ohne zwingenden Grund überschritten werden.

   Hierzu neigen entschlußunfähige, unselbständige und schwächere Referendare. Diese müssen deshalb aus Erziehungsgründen zu pünktlicher Abgabe der Aktenberichte angehalten werden.

Beim Oberlandesgericht, wo wiederum Aktenberichte zu fertigen sind, gelten dieselben Grundsätze.

Viele Referendare haben in der Zwischenzeit manches wieder verlernt, da sie versäumt haben, das beim Landgericht Erarbeitete ständig zu ergänzen und zu vertiefen und von Zeit zu Zeit die Grundregeln zu wiederholen.

Das ist ein großer Fehler!

Der Referendar muß hier durch eigene Weiterarbeit dafür Sorge tragen, daß ihm das Erreichte nicht wieder verloren geht.

Den Arbeitsgemeinschaften fällt dabei eine sehr wichtige Aufgabe zu,

> nämlich die, diese Wiederholung und weitere Fortbildung zu überwachen und durch die Besprechung von schwierigeren Einzelfragen zur Vervollständigung der Ausbildung beizutragen.

Bei der Zusammenstellung neuer Arbeitsgemeinschaften am Landgericht wird der Gemeinschaftsleiter die Grundzüge der Aktenberichte und Urteile systematisch und zugleich praktisch anschaulich mit den Referendaren durchzugehen haben.

Den Übungsleitern der Oberlandesgerichte fällt die Aufgabe zu,

> bei der Bildung neuer Gruppen zu Beginn der Oberlandesgerichts-Station eine Gesamtwiederholung in großen Zügen vorzunehmen und auftretende Lücken zu ergänzen und vorhandene Mängel zu beseitigen.

Damit die Gemeinschaftsleiter der Landgerichte und die Übungsleiter der Oberlandesgerichte diese Aufgabe erfüllen können, ist es notwendig,

> daß sie sich sämtliche Aktenberichte ihrer Referendare nebst den Zeugnissen der Ausbilder zur Durchsicht vorlegen lassen.

Zweck: Um ständig ein klares Bild über den Ausbildungsstand und die Ausbildungsreife der Referendare zu haben, um die typischen Fehler zu ermitteln und so praktisches Anschauungsmaterial für die Gemeinschaftsarbeit zu gewinnen.

Beim Oberlandesgericht ist es zweckmäßig, wenn die Referendare die üblichen beiden Aktenberichte bereits in den ersten Monaten der Ausbildungszeit anfertigen, damit sie ihre Kräfte für den Ernstfall der Examensarbeit noch einmal erproben und gleichzeitig noch Fehler ablegen und ihre Ausbildung auf diesem Gebiete abrunden können.

Jetzt schon deshalb, weil die häusliche Arbeit nunmehr in der Regel etwa im 4. Monat der Vorbereitungszeit beim Oberlandesgericht anzufertigen sein wird.

Nach dieser sachlichen Vorbereitung zusammenfassend die Frage:

Warum Aktenberichte?

weil sie zu klarer Gedankenfolge und organischer Denkweise erziehen,

weil sie den Blick für das Wesentliche schulen und zur Zusammenfassung zwingen,

weil sie ein geschlossenes Gesamtbild des zu bearbeitenden Prozeßfalles vermitteln und die Gewähr bieten, daß der Fall tatsächlich wie rechtlich voll erschöpft wird,

weil sie deshalb ein wertvolles Hilfs- und Arbeitsmittel des praktischen Richters sind, der jeden zu lösenden Fall mindestens gedanklich nach den Regeln des Sachberichts und Gutachtens durchgehen muß,

weil ihm dies die Gewähr bietet, daß nichts übersehen und unnötige Prozeßhandlungen, wie etwa Beweiserhebungen, vermieden werden,

weil die Aktenberichte aus all diesen Gründen ein ganz ausgezeichnetes Schulungsmittel für junge Rechtswahrer sind!

Noch eines:

Die häusliche Arbeit ist das Kernstück des Assessorexamens.

Wer diese Arbeit über den Durchschnitt leistet, legt den besten Grund für einen guten Examenserfolg.

Eine gediegene häusliche Arbeit ist der sicherste Garant für das Bestehen des Examens!

Hat diese Systematik aber heute noch im nationalsozialistischen Staat Berechtigung?

Ist sie mit der nationalsozialistischen Rechtspflege und ihren Grundgedanken vereinbar?

Die Antwort lautet grundsätzlich: Ja.

Auch die nationalsozialistische Rechtspflege will eine gesunde und organische Systematik im Rechtsdenken.

Sie stellt sogar hinsichtlich Klarheit und Übersichtlichkeit der Gedankenfolge, hinsichtlich der lebensnahen und restlosen Auswertung des zu beurteilenden Lebensvorganges die höchsten Anforderungen an sämtliche Organe der Rechtspflege.

Der Nationalsozialismus fordert aber,

daß diese Systematik nicht den Mittelpunkt der Rechtspflege bildet und zum Selbstzweck wird.

Der Nationalsozialismus fordert,

daß jeder Rechtswahrer diese Systematik als erforderliches Handwerkszeug, als Hilfsmittel ordnungsmäßigen Denkens voll beherrscht,

und daß er sie als solches **und nur als solches** in den Dienst der nationalsozialistischen Rechtserfüllung stellt.

Der Nationalsozialismus fordert,

daß diese Regeln nie starr, lebensfremd und unbeweglich sein dürfen,

daß der kommende Rechtswahrer erfüllt von der nationalsozialistischen Idee und dem Glauben an sie stets über diesen Regeln steht und niemals seine eigentliche Aufgabe vergißt:

„vermöge gründlicher Kenntnis des Rechts treffend und volksverständlich Recht zu sprechen, Volksschädlinge zu bekämpfen, die rechtsuchende Bevölkerung zu beraten und durch jede solche Tätigkeit dem Arbeitsfrieden zu dienen" — § 26 der Justizausbildungsordnung.

Die weitere Frage, ob und in welchem Umfange im Zusammenhang mit der nationalsozialistischen Rechtsreform eine Vereinfachung und Verbesserung der Systematik berechtigt und möglich ist und wie diese Reform zu gestalten sein wird, muß hier aus den in der Einleitung dargelegten Gründen unerörtert bleiben.

II. Sachbericht.

Was ist ein Sachbericht?

Der Sachbericht ist die wohlgeordnete, objektive, vollständige und doch gedrängte Darstellung des tatsächlichen Prozeßstoffes.

wohlgeordnet: denn der Prozeßstoff wird nicht wahllos zusammengestellt, sondern nach noch näher zu erörternden Aufbauregeln so geordnet, daß er ein übersichtliches und anschauliches Gesamtbild der Sachlage gibt;

objektiv: denn es ist nicht Sache des Berichtes, eine tatsächliche oder rechtliche Würdigung und Wertung des zu ordnenden Parteivorbringens vorzunehmen. Einer solchen Stellungnahme, die das Urteil vorwegnehmen würde, muß man sich also enthalten;

vollständig: der Bericht soll das geschlossene Gesamtbild vermitteln. Er muß also lückenlos sein, so daß beide Parteien, wenn er ihnen vorgelesen würde, nichts an Tatsachen hinzuzufügen hätten.

Von diesem Standpunkt muß bei der Frage der Vollständigkeit ausgegangen werden;

und doch gedrängt: keine langatmige, weitschweifige, ermüdende und langweilige Darstellung, sondern inhaltliche Zusammenfassung zu einem knappen und doch in sich geschlossenen, übersichtlichen und verständlichen Gesamtbild.

Vermeidung jedes unnötigen Beiwerkes!

Der Sachbericht ist Tatsachensammlung. Es ist also kein Raum für die Rechtsansichten und rechtliche Würdigung der Parteien und ihrer Anwälte.

Rechtliche Dinge können daher im Sachbericht nur insoweit Aufnahme finden,

als sie zum Verständnis des Tatsachenstoffes und Streitstandes und zur Ermöglichung der richtigen Einordnung der Tatsachen notwendig sind.

In den Sachbericht gehört auch nicht die Prozeßgeschichte.

Diese ist für die Entscheidung des Rechtsstreites, von besonderen Ausnahmen abgesehen, ohne jede tatsächliche wie rechtliche Bedeutung.

So interessiert es z. B. in keiner Weise, ob die Parteien im Laufe des Prozesses einen Vergleich abgeschlossen haben, der später widerrufen wurde.

Der maßgebliche Zeitpunkt, auf den der Sachbericht abzustellen ist,

ist der der **letzten mündlichen Verhandlung,** denn der Stand des Prozesses in diesem allein entscheidenden Schlußstadium muß natürlich dem Sachbericht zugrunde gelegt werden.

Dies zu beachten ist ungeheuer wichtig, und gerade gegen diesen Grundsatz wird immer wieder verstoßen!

So muß z. B. eine vorher zwischen den Prozeßparteien streitig gewesene Tatsache, die im Laufe des Rechtsstreits unstreitig geworden ist, im Sachbericht als unstreitige Tatsache eingeordnet werden, ohne daß es eines Eingehens hierauf bedarf.

Warum nun — zusammenfassend gefragt — Sachberichte?

Um ein in sich geschlossenes Gesamt-Sachbild zu vermitteln, das unabhängig von den Akten und ohne der Ergänzung durch diese zu bedürfen, in die Lage versetzt, den Rechtsstreit entscheiden zu können.

Der Aufbau des Sachberichtes:

Nicht maßgebend für den Aufbau die von den Parteien gewählte Reihenfolge des Tatsachenvortrages.

Man ist in keiner Weise an die Reihenfolge der einzelnen Schriftsätze gebunden, muß sich vielmehr von diesen freimachen, damit ein in sich verständliches Ganzes entstehen kann.

Jede Tatsache muß da eingeordnet werden, wo sie am besten hinpaßt und verständlich wird.

So kommt es z. B. sehr oft vor, daß die Parteien ihren Anwälten zunächst nur unvollständige Angaben machen. Durch die Stellungnahme des Gegners werden neue Vorgänge in die Sache gebracht und nun geht die andere Partei auf Einzelheiten ein, sodaß erst im Laufe des mehrfachen Schriftsatzwechsels oder gar erst in der mündlichen Verhandlung eine vollständige Sachdarstellung beider Parteien erzielt wird.

Das sich in der letzten mündlichen Verhandlung ergebende Schlußbild des Sachverhaltes ist in folgender Reihenfolge zu ordnen:

1. die unstreitigen Tatsachen, auch „Geschichtserzählung“ genannt,
2. der streitige Tatsachenvortrag des Klägers,
3. der Klagantrag,
4. der Antrag des Beklagten,
5. der streitige Tatsachenvortrag des Beklagten,
6. die Erwiderung des Klägers,
7. eine etwaige Entgegnung des Beklagten,
8. die Darstellung der Beweisbeschlüsse,
9. die Darstellung des Ergebnisses der Beweisaufnahme.

Der vorstehende Aufbau ist das Muster für einen einfach gelagerten Rechtsstreit. Einzelheiten und Untergliederungen habe ich bewußt vermieden, um allmählich in die Dinge einzuführen. Besonderheiten und einzelne Schwierigkeiten sollen noch für sich behandelt werden.

1. Die unstreitigen Tatsachen oder die Geschichtserzählung.

a) Nicht alle unstreitigen Tatsachen sind hier zusammenzutragen, nur die, welche an dieser Stelle des Sachberichtes schon verständlich sind.

Daß die unstreitigen Tatsachen an den Anfang des Sachberichtes gehören, ist keine starre Regel. Oberster Grundsatz ist und bleibt,

daß jede Tatsache — auch jede unstreitige — in dem richtigen sachlichen Zusammenhang gebracht wird.

So kann man z. B. eine Tatsache, die der Beklagte zu seiner Verteidigung vorträgt, nicht lediglich deshalb, weil sie unstreitig ist, in die Geschichtserzählung einordnen.

Sachlich Zusammenhängendes darf niemals auseinander gerissen werden!

b) Auch streitige Tatsachen können aus diesen Gründen ausnahmsweise in der Geschichtserzählung gebracht werden, wenn dies zum Verständnis und zur besseren Einführung und Aufklärung des Lesers notwendig ist.

In solchen Fällen muß man nur vermeiden, daß die betreffende Tatsache nicht auf Grund ihrer Stellung in der Geschichtserzählung für unstreitig gehalten wird. Man muß also die Ausnahme etwa durch den Zusatz kenntlich machen: „was der Beklagte" oder im umgekehrten Falle: „was der Kläger bestreitet".

c) Nicht nur die die Klage betreffenden unstreitigen Tatsachen gehören in die Geschichtserzählung, sondern auch die unstreitigen Tatsachen der Verteidigung des Beklagten oder Gegenverteidigung des Klägers, die nach dem sachlichen Zusammenhang schon hierher gehören.

Z. B.: Es handelt sich um einen einheitlichen Lebensvorgang, dessen Tatsachen nur zum Teil die Klage betreffen. Diesen darf man nicht auseinanderreißen, er gehört ganz in das Unstreitige.

Hier wird im Einzelfall die rechte Einfühlung in den Prozeßstoff und ruhige Überlegung entscheiden, wo die Einordnung einer solchen Tatsache am besten erfolgt. Und an der

Behandlung solcher Schwierigkeiten und der Art ihrer Überwindung wird man oft erkennen, ob der Referendar die Regeln nur äußerlich beherrscht oder ob er ihren Sinn erfaßt hat, und sie zweckentsprechend und den Bedürfnissen des Einzelfalles genügend anzuwenden versteht.

d) Jedenfalls niemals Anmerkungen zum Sachbericht, etwa Erläuterungen darüber, warum eine Tatsache im Unstreitigen oder an einer anderen Stelle eingeordnet worden ist. Der Sachbericht verträgt seinem Wesen nach keine Anmerkungen. Er muß für sich — ohne jeden Zusatz — verständlich und ein geschlossenes Ganzes sein. Die gewählte Anordnung des Sachberichtes muß sich durch sich selbst rechtfertigen.

Der Leser muß das Gefühl haben, daß der beschrittene Weg der einfachste, klarste, geradeste und kürzeste ist.

Nur eine Ausnahme:

Ist ein Datum, eine Zahl, ein Wort offensichtlich falsch oder enthält z. B. eine Berechnung einen klaren Rechenfehler, dann ist das Richtige im Sachbericht einzusetzen und in einer kurzen Anmerkung darauf zu verweisen.

e) Warum stellt man nun das Unstreitige voran?

Weil dieses der Teil des Sachverhaltes ist, der als wahr feststeht und deshalb den festen Grund der zu treffenden rechtlichen Würdigung bildet, während bei den streitigen Tatsachen erst durch Beweiserhebung und anschließende Beweiswürdigung die Wahrheit herausgefunden werden muß.

f) Ist in einem Rechtsstreit alles unstreitig, dann stellt die Geschichtserzählung den Hauptteil des Sachberichtes dar, während Vortrag des Klägers, die Anträge der Parteien und Vortrag des Beklagten sozusagen nur die Schlußfolgerungen daraus sind.

g) Dem Zweck des Unstreitigen wird man am besten gerecht, wenn man diesen Teil des Berichtes in der Vergangenheitsform bringt.

Daneben ist auch noch das Perfekt üblich. Dem Sprachgefühl entspricht wohl mehr das Imperfekt, da es diesen Teil des Sachberichtes gewissermaßen als feststehende und unumstößliche Grundlage heraushebt.

Diese Zeitform ist auch für eine Geschichtserzählung die gegebene.

h) Beim Unstreitigen, das also auf Übereinstimmung beider Parteien beruht, ist es gleichgültig, wer die Tatsache vorgetragen hat, ob der Kläger oder der Beklagte.

i) Innerhalb des Unstreitigen sind die einzelnen Tatsachen in der Regel historisch zu ordnen.

Die Vorgänge sind also so zu bringen, wie sie sich zeitlich abgespielt haben.

Auch hiervon wird es Ausnahmen geben. Dann wird man den Aufbau des Unstreitigen abweichend von dieser Regel der Besonderheit des Einzelfalles anpassen müssen.

k) Im übrigen ist das Wichtigste möglichst bald zu bringen; vor allem sind die Prozeßparteien in ihren Parteirollen möglichst schon im ersten Satz einzuführen.

l) Eine überflüssige Einleitung ist zu vermeiden. Man kann sofort den den Streitfall bildenden Sachverhalt bringen.

Manchmal wird es aber zum Verständnis zuvor notwendig sein, allgemeine Dinge zu schildern, die zwar nicht unmittelbar den Streitfall selbst betreffen, ohne die man diesen aber nicht verstehen kann.

m) Ebenso sind — das gilt auch für die übrigen Teile des Sachberichtes — völlig unwesentliche Vorgänge, die für die Streitsache selbst und ihre Entscheidung ohne Bedeutung sind, herauszulassen.

Das aufgestellte Gebot der Vollständigkeit wird durch diese Einschränkung nicht berührt; denn vollständig ist ein Sachbericht dann, wenn er die wesentlichen und auch nur unter Umständen erheblichen Tatsachen bringt.

Erfahrungsgemäß holen die Parteien bei ihrer Sachdarstellung sehr oft unnötig weit aus und bringen Vorgänge, die offensichtlich völlig gleichgültig und unerheblich sind.

Solche Tatsachen, die also nur als „schmückendes Beiwerk" zu werten sind, die Sache selbst aber nicht berühren, können unbedenklich fortgelassen werden.

In Zweifelsfällen aber Vorsicht!

Ist es zweifelhaft, ob eine Tatsache für den Rechtsstreit und seine Entscheidung Bedeutung haben kann, dann muß man die Tatsache bringen, mag man sie selbst auch für unerheblich halten.

Grund: Der Sachbericht muß objektiv sein.

n) Das Ergebnis einer Augenscheinseinnahme ist Unstreitiges,

denn nach § 164 ZPO. hat das über einen Augenschein

aufgenommene und genehmigte Protokoll vollen Beweis seines Inhaltes (vgl. auch §§ 160 Abs. 4 und 162 ZPO.).

Diese Erkenntnis ist von besonderer Wichtigkeit für Unfallprozesse, die bei der heutigen Zunahme des Kraftwagenverkehrs im Vordergrund stehen.

Die Schilderung der Unfallörtlichkeit wie der sonstigen Feststellungen des Augenscheins gehört also an den Anfang des Sachberichts und nicht, wie es so oft geschieht, zum Bericht über die sonstige Beweisaufnahme.

Gegen diese Regel wird sehr oft verstoßen, ein schwerer Fehler, der unbedingt vermieden werden muß.

Die Schilderung muß eindeutig, klar und aus sich heraus verständlich sein, so daß sich der Leser ohne Schwierigkeiten ein anschauliches Bild von der Unfallörtlichkeit machen kann.

Ist der Leser auf diese Weise mit den Gegebenheiten der Örtlichkeiten vertraut gemacht, dann schließt sich die Darstellung des Unfallherganges nach Maßgabe der weiteren Regeln an; überwiegend wird es sich hierbei um streitiges Parteivorbringen handeln.

o) Urkunden bzw. deren Inhalt gehören dann ins Unstreitige, wenn ihre Echtheit von beiden Parteien anerkannt ist.

Grund: Weil dann auch der Inhalt unter den Parteien unstreitig ist.

Ist die Echtheit aber bestritten, dann muß der Inhalt der Urkunde in den streitigen Vortrag der Partei eingeordnet werden, die ihn vorträgt.

p) Bei der Darstellung des Urkundeninhalts wird in der Regel nicht Wiedergabe des Wortlautes, sondern nur eine wesentliche, zusammenfassende und selbständige Inhaltsangabe notwendig sein.

Grund: Den Inhalt einer Urkunde abschreiben kann jeder, den Inhalt aber ohne Verschiebung des sachlichen Gehaltes selbständig und zusammengedrängt wiedergeben, ist schwer und setzt völlige Beherrschung des Stoffes voraus.

Ausnahme: Der Wortlaut ist stets dann zu bringen, wenn es, wie z. B. bei Vertragsauslegung gerade auf diesen entscheidend ankommt.

Geht also etwa der Streit der Parteien um eine Bestimmung eines umfangreichen Vertrages, so wird man die allgemeine Vertragsgrundlage und den wesentlichen Inhalt der übrigen Vertragsbestimmungen frei darstellen und hierbei die wörtliche Wiedergabe der auszulegenden Bestimmung einbauen.

Ebenso verfährt man bei der Darstellung von umfangreichem Schriftwechsel. Auch hier freie Wiedergabe des wesentlichen Inhalts, nur entscheidende Stellen durch den Wortlaut hervorgehoben.

q) Beiakten sind in der gleichen Weise wie Urkunden zu behandeln.

Liegen die Akten vor, dann ist ihr Inhalt ausschlaggebend.

Liegen die Akten nicht vor, dann kommt es darauf an, ob der von einer Partei behauptete Inhalt einer Beiakte von der anderen Partei bestritten wird oder nicht.

Ist der Inhalt der nicht vorliegenden Akten unstreitig, dann Wiedergabe in der Geschichtserzählung.

Ist der Inhalt streitig, dann Wiedergabe beim streitigen Vortrag der Partei, die ihn behauptet.

r) Auf die Aktenblätter, wo man die unstreitigen Tatsachen gefunden hat, ist am Rande hinzuweisen.

Dies gilt nach den Weisungen für die Anfertigung der praktischen Arbeit für Gutachten und Tatbestand, also entsprechend auch für den Sachbericht.

Grund: Der Leser muß im Bedarfsfalle in der Lage sein, die Richtigkeit der Sachdarstellung nachprüfen zu können.

s) Eine Bezugnahme auf Akteneile, um die Mitteilung ihres Inhalts zu ersetzen, ist unzulässig.

Der Sachbericht muß ebenso wie der Tatbestand beim Urteilsentwurf der häuslichen Arbeit aus sich heraus verständlich sein.

Zwischenbemerkung:

Bei der Behandlung des Unstreitigen habe ich zahlreiche Regeln eingebaut, die für sämtliche Teile des Sachberichtes oder Tatbestandes gelten. Ich habe dies jeweils durch die Fassung kenntlich gemacht. Diese allgemein gültigen Regeln werden in der Folge, um unnötige Wiederholungen zu vermeiden, als bekannt vorausgesetzt.

2. Der streitige Tatsachenvortrag des Klägers:

a) umfaßt alle streitigen Behauptungen des Klägers, auf die dieser seinen Klaganspruch stützt; er enthält also die Begründung der Klage,

b) aber nur diese streitigen Behauptungen des Klägers, nicht sämtliche, die er im Prozeß vorträgt,

c) insbesondere nicht die streitigen Behauptungen des Klägers, mit denen er die Verteidigung oder Gegenangriffe des Beklagten ausräumen will;

z. B. also nicht die streitigen Behauptungen des Klägers zu einer vom Beklagten zur Aufrechnung gestellten Gegenforderung,

d) gleichgültig, wann der Kläger die einzelnen klagbegründenden Tatsachen vorgetragen hat

ob schon in der Klagschrift

oder erst später

oder gar erst durch die Verteidigung des Beklagten dazu veranlaßt.

Der Standpunkt der letzten mündlichen Verhandlung ist maßgebend; daher sind alle diese Tatsachen hier zu einer Einheit zusammenzufassen.

e) Ob eine Behauptung des Klägers streitig ist, ist in Zweifelsfällen nach § 138 ZPO. zu beurteilen. § 138 lautet:

„Jede Partei hat sich über die von dem Gegner behaupteten Tatsachen zu erklären.

Tatsachen, welche nicht ausdrücklich bestritten werden, sind als zugestanden anzusehen, wenn nicht die Absicht, sie bestreiten zu wollen, aus den übrigen Erklärungen der Partei hervorgeht.

Eine Erklärung mit Nichtwissen ist nur über Tatsachen zulässig, welche weder eigene Handlungen der Partei noch Gegenstand ihrer eigenen Wahrnehmung gewesen sind."

Vgl. gegebenenfalls die Erläuterungsbücher zur Zivilprozeßordnung.

Allgemein ist zu sagen, daß Vorsicht am Platze ist: lieber eine Tatsache zuviel als streitig annehmen als umgekehrt.

f) Unstreitige Tatsachen gehören in diesen Abschnitt des Sachberichts nur ausnahmsweise,

nämlich nur dann, wenn der sachliche Zusammenhang und das Verständnis es erfordern.

g) Aus allem folgt, daß man die rechtsbegründenden Klagtatsachen unter sich nur richtig anordnen kann, wenn man bereits ein wenn auch nur allgemeines Bild von der Rechtslage des Streitfalles hat.

Man muß wissen, um welche Klage es sich handelt, denn nur

dann kennt man ihre Voraussetzungen und kann die Klagtatsachen entsprechend einordnen. Unnötig ist aber, daß man sich schon über die Entscheidung selbst klar ist.

Der streitige Tatsachenvortrag des Klägers muß im Zusammenhang mit dem Unstreitigen das rechtliche Ziel der Klage klar erkennen lassen.

Die rechtlichen Voraussetzungen des geltend gemachten Anspruches müssen in dem Klagvortrag ihre tatsächliche Grundlage finden, ohne daß es ihrer Kennzeichnung in rechtlicher Beziehung bedarf.

h) Die richtige Zeitform ist die Gegenwart.

Grund: Es handelt sich um die gegenwärtigen streitigen Behauptungen des Klägers, also um die streitigen Behauptungen im Zeitpunkt der letzten mündlichen Verhandlung. (Nach der ZPO. gibt es überhaupt nur eine mündliche Verhandlung; die letzte ist also im Grunde nur ein Teil dieser.) Durch die Gegenwartsform wird die Darstellung lebendig und hebt sich besser von dem Unstreitigen ab. Beachtet man diesen Wechsel in der Zeitform, so wird es sich auch in der Regel erübrigen, die Geschichtserzählung mit dem Satz abzuschließen: „Dieser Sachverhalt ist zwischen den Parteien unstreitig." Zudem läßt der Unterschied in der Art der Darstellung den Übergang vom Unstreitigen zum Streitigen ohne weiteres erkennen. So beginnt das Streitige meist mit den Worten: „Der Kläger behauptet ....."

i) Die technischen Ausdrücke des Sachberichtes müssen richtig angewandt werden. Hier werden sehr oft Fehler gemacht.

behaupten = nur bei Tatsachen,
nie bei allgemeinen Darlegungen oder Rechtsausführungen;
richtig: Der Kläger behauptet, der Beklagte habe keine Hupensignale gegeben;
falsch: Der Kläger behauptet, der Vertrag sei nichtig;
vorbringen = nur bei Tatsachen,
vortragen = nur bei Tatsachen,
geltend machen = nur bei Tatsachen.

Für andere Ausführungen, wie rechtliche Würdigungen von Urkunden, Auslegungen, allgemeine Darlegungen usw., die keine tatsächlichen Behauptungen darstellen, können u. a. folgende Ausdrücke verwandt werden:

Der Kläger ist der Auffassung .....

Der Kläger führt aus .....

Der Kläger legt dar .....

Der Kläger zieht die Folgerung .....

Es sei hervorgehoben, daß die vorstehenden Regeln selbstverständlich auch für den streitigen Vortrag des Beklagten Geltung haben.

k) Von dem aufgestellten Grundsatz, daß in den Sachbericht keine Rechtsausführungen gehören, besteht eine Ausnahme:

Soweit rechtliche Ausführungen oder der Gebrauch von rechtlichen Begriffen zum Verständnis und zur besseren Klarstellung und Vervollständigung des Gesamtbildes notwendig sind, dürfen sie gebracht werden.

Aber der Grundsatz bleibt bestehen!

Mit rechtlichen Ausführungen deshalb nur sehr sparsam verfahren, sie nur bringen, wenn unbedingt notwendig.

Der Charakter des Sachberichtes als reiner Tatsachenbericht darf nicht ohne Grund gestört werden.

l) Angetretener Beweis ist mitzuteilen, und zwar jeweils im Zusammenhang mit der Behauptung, für die ein Beweismittel angeboten wird.

Bereits erhobene Beweise sind als Beweisangebote nicht zu erwähnen, da ihr Ergebnis in dem Abschnitt über die Beweisaufnahme gebracht wird.

Warum? Weil die Partei nach der Vernehmung des benannten Zeugen nunmehr auf die erfolgte Beweisaufnahme (soweit sie ihr günstig ist) verweist und sich diese zu eigen macht.

3. Der Klagantrag

a) gehört grundsätzlich an diese Stelle des Sachberichts.

Grund: Weil er die Schlußfolgerung des Klagvortrages darstellt.

Der Klagantrag umreißt und bestimmt das Ziel der Klage.

b) Deshalb ist der Klagantrag auch äußerlich als solcher kenntlich zu machen und durch Einrücken hervorzuheben;

denn er bestimmt den Umfang des Prozesses und an ihn ist das Gericht bei seiner Entscheidung gebunden.

c) Nur ausnahmsweise kann der Klagantrag, wenn dies besondere Umstände erfordern, dem Klagvortrag vorangestellt werden.

Die Reihenfolge würde dann also sein:

1. Geschichtserzählung,
2. Klagantrag,
3. streitiger Tatsachenvortrag usw.

Nachteil: daß sich hier nicht wie im Regelfall die Anträge der Parteien gegenüberstehen.

Meist wird man diesen Aufbau dadurch vermeiden können, daß man das sachliche Ziel der Klage schon zu Beginn des klägerischen Tatsachenvortrages allgemein zum Ausdruck bringt.

d) Ebenso ausnahmsweise — aber nur bei ganz besonderer Sachlage — kann der Klagantrag an den Beginn des Sachberichts überhaupt gestellt werden.

e) Maßgebend ist der Antrag der letzten mündlichen Verhandlung, also der letzte Antrag.

Die früheren, aufgegebenen Anträge sind fortzulassen, es sei denn, daß ihnen ausnahmsweise wegen der Kosten oder aus sonstigen besonderen Gründen noch Bedeutung zukommt.

f) Der Klagantrag muß wörtlich, so wie ihn der Kläger gefaßt hat, aufgenommen werden.

Nach § 253 Ziff. 2 ZPO. hat der Kläger einen bestimmten Antrag zu stellen.

g) Der Klagantrag darf also vom Gericht nicht inhaltlich oder sachlich abgeändert werden.

h) Selbstverständlich darf man aber ohne sachliche Änderung eine schlechte Formulierung durch die deutliche, klare und richtige ersetzen.

Z. B. stellt der Kläger bei der Widerspruchsklage den Antrag, den Beklagten zur Freigabe zu verurteilen, so kann man den Antrag unbedenklich im Sachbericht dahin fassen, daß der Kläger beantragt, die Zwangsvollstreckung ..... für unzulässig zu erklären.

i) Überflüssiges ist bei der Wiedergabe des Klagantrags im Sachbericht fortzulassen.

So ist der übliche Antrag:

dem Beklagten die Kosten des Rechtsstreits aufzuerlegen,

entbehrlich, da das Gericht über die Kosten von Amts wegen zu entscheiden hat.

§ 302 Abs. 2 ZPO. lautet:

„Über die Verpflichtung, die Prozeßkosten zu tragen, hat das Gericht auch ohne Antrag zu entscheiden."

Nur ausnahmsweise besonderer Antrag zum Kostenpunkt am Platze,

z. B., wenn der Rechtsstreit nach den übereinstimmenden Erklärungen der Parteien in der Hauptsache erledigt ist, und die Parteien nur noch um die Kosten streiten.

k) Überflüssig auch die Aufnahme des Antrages,

das Urteil für vorläufig vollstreckbar zu erklären. Denn nach den §§ 708, 709, 710 ZPO. sind sämtliche Urteile für vorläufig vollstreckbar zu erklären,

entweder nach den §§ 708, 709 ZPO. bedingungslos oder nach § 710 ZPO. gegen Sicherheitsleistung.

So lautet der Eingangssatz von § 708 ZPO.:

„Auch ohne Antrag sind für vorläufig vollstreckbar zu erklären .....",

und der Eingangssatz von § 709 ZPO.:

„Urteile sind fernerhin ohne Antrag für vorläufig vollstreckbar zu erklären, wenn sie betreffen ....."

Wenn § 710 Satz 1 den Zusatz „ohne Antrag" auch nicht enthält, so hat doch diese Bestimmung auch den Sinn, eine Vollstreckbarkeitserklärung von Amts wegen anzuordnen.

Man muß also auch dem § 710 Satz 1 ZPO. stets in Gedanken die Worte „auch ohne Antrag" oder „von Amts wegen" hinzufügen.

Sachanträge, die im Sachbericht wiedergegeben werden müssen, sind dagegen:

a) der Antrag des Klägers aus § 710 Satz 2 ZPO. auf vorläufige Vollstreckbarkeit ohne Sicherheitsleistung,

b) das Erbieten des Klägers zur Sicherheitsleistung nach § 713 Abs. 2 ZPO., falls der Beklagte Vollstreckungsnachlaß begehrt. Dieses ist, worauf man achten muß, in dem üblichen Antrag, „das Urteil gegebenenfalls gegen Sicherheitsleistung für vorläufig vollstreckbar zu erklären" enthalten.

§ 714 ZPO. lautet:

Die in den §§ 710—713 erwähnten Anträge sind vor dem Schlusse der mündlichen Verhandlung zu stellen, auf welche das Urteil ergeht."

4. Der Antrag des Beklagten

a) gehört grundsätzlich an diese Stelle des Sachberichtes, kommt also in unmittelbarem Anschluß an den Klagantrag,

damit die Anträge beider Parteien und ihr Verhältnis zueinander durch einen Blick erfaßt werden können.

In vielen Fällen kann man sich schon auf diese Weise unterrichten, um was für einen Prozeß es sich handelt.

b) Auch der Antrag des Beklagten ist äußerlich durch Einrücken hervorzuheben.

c) Auch beim Antrag des Beklagten ist wie beim Klagantrag die Aufnahme des Kostenpunktes entbehrlich.

d) Wichtig dagegen die Wiedergabe der Anträge aus den §§ 712, 713 ZPO., da diese, wie dargelegt, Sachanträge sind — § 714 ZPO. —.

Zwischenbemerkung:

Besonderheiten, wie Behandlung der Widerklage und ihrer Anträge usw., bringe ich bewußt in einem besonderen Abschnitt.

Grund: Zunächst soll der Aufbau und die Behandlung eines einfach gelagerten Falles entwickelt werden. Erst auf der so gewonnenen Grundlage können Feinheiten und Besonderheiten aufgebaut werden.

5. Der streitige Tatsachenvortrag des Beklagten.

a) Dieser ist seinem Wesen nach völlig anders als der des Klägers.

Der Kläger greift an.

Der Beklagte verteidigt sich.

b) Hierauf beruht, daß sich das Vorbringen des Beklagten in besonderer Weise untergliedern muß.

c) Zunächst ist folgende Zweiteilung wichtig und streng zu beachten:

1. Verteidigung des Beklagten in prozessualer Hinsicht,
2. Verteidigung des Beklagten in der Sache selbst.

Grund der Einteilung:

Ein Eingehen auf die Sache kommt doch nur in Frage, wenn prozessuale Einwendungen nicht durchschlagen.

Nach diesem Grundsatz muß der Sachbericht aufgebaut werden, wenn auch hier noch keine Stellung zur Frage der Begründetheit der Einwendungen genommen wird.

d) Die Verteidigung des Beklagten in prozessualer Hinsicht umfaßt:

sämtliche prozessualen Einwendungen,
mögen sie nun
Prozeßvoraussetzungen
oder Prozeßhindernisse
oder sonstige prozessuale Einwendungen sein, mögen sie nun von Amts wegen zu beachten sein oder nur eine Einrede geben.

e) Vergleiche wegen der einzelnen Prozeßvoraussetzungen, Prozeßhindernisse und sonstigen Einwendungen die Lehrbücher und Erläuterungsbücher zur ZPO., vgl. auch § 274 ZPO.

f) Die Reihenfolge der einzelnen Einwendungen wird von der Lage des Einzelfalles abhängen.

Selbstverständlich wird man die mangelnde Partei- oder Prozeßfähigkeit der Unzulässigkeit des Rechtsweges voranstellen, da Partei- und Prozeßfähigkeit auch im Gutachten vor der Zulässigkeit des Rechtsweges geprüft werden müssen.

g) Ausnahmsweise kann es auch zweckmäßig sein, eine prozessuale Einwendung nicht vorweg zu bringen, sondern erst im Rahmen der sachlichen Verteidigung des Beklagten.

Hier werden Takt und Einfühlungsvermögen den richtigen Weg weisen müssen.

So z. B. wenn die prozessualen Einwendungen erst auf Grund des sachlichen Vorbringens des Beklagten verständlich werden

oder wenn die Einwendung nur einen von mehreren Klagansprüchen betrifft, und zwar den geringfügigsten

oder etwa bei der Rüge der unzulässigen Klagänderung.

h) Die Verteidigung des Beklagten in der Sache selbst kann ganz verschiedener Art sein.

1. Nach der Natur der Sache wird der Beklagte zunächst einmal die Behauptungen des Klägers bestreiten.

   Der Beklagte stellt also die Richtigkeit der klägerischen Sachdarstellung in Abrede.

2. Kann der Beklagte einen Schritt weiter gehen und der Sachdarstellung des Klägers eine abweichende, eigene Sachdarstellung gegenüberstellen.

3. Kann der Beklagte leugnen,
   daß die behaupteten Klagtatsachen den daraus gefolgerten Rechtsanspruch ergeben.

4. Kann der Beklagte den vom Kläger angezogenen Rechtssatz verneinen.

Hier ist ein wichtiger Einschnitt zu machen.

Bei den vorstehenden vier Möglichkeiten handelt es sich um die Auseinandersetzung und Stellungnahme des Beklagten zu dem Vortrag des Klägers, den der Beklagte in einer oder mehreren der genannten Richtungen beanstandet und zerpflückt. Es ist gewissermaßen die Kritik des Klagvortrages und ihre Richtigstellung.

Die folgenden Möglichkeiten bringen dagegen neuen und selbständigen Tatsachenvortrag des Beklagten, an den dieser für seine Verteidigung erhebliche rechtliche Folgerungen knüpft.

Der Beklagte muß daher bei den nun folgenden Verteidigungsmitteln von sich aus das erforderliche Tatsachenfundament behaupten und Beweis dafür erbringen.

5. Kann der Beklagte eigene Einwendungen erheben, und zwar:
   a) der Beklagte behauptet rechtshindernde Tatsachen;
      Beispiel: Geschäftsunfähigkeit,
   b) der Beklagte behauptet rechtsvernichtende Tatsachen:
      Beispiel: Aufrechnung mit einer Gegenforderung, Erfüllung.
6. Kann der Beklagte Einreden erheben.
   Beispiel:
   Zurückbehaltungsrecht,
   nachträgliche Stundung,
   Verjährung.

i) Der Vortrag des Beklagten besteht nicht nur aus streitigen Behauptungen, sondern auch, soweit erforderlich, aus Unstreitigem.

Hier gelten dieselben Regeln wie beim Vortrag des Klägers.

k) Handelt es sich um neue Vorgänge, die der Beklagte behauptet, so sind dieselben gegebenenfalls in der Weise anzuordnen,

daß zunächst die unstreitigen Behauptungen diesen Lebensvorgang betreffend sozusagen als Geschichtserzählung voranzustellen sind, denen man die streitigen Tatsachen, wie beim Klagvortrag, folgen läßt.

So ist z. B. zu verfahren, wenn der Beklagte eine Gegenforderung geltend macht, die ihre besondere tatsächliche Vorgeschichte hat.

Gerade in diesem Fall zeigt sich die selbständige Natur der Verteidigung des Beklagten als Gegenangriff.

l) Bestreiten ist ein technischer Ausdruck, der nur für Tatsachenbehauptungen anzuwenden ist.

falsch: Der Beklagte bestreitet den Klaganspruch.

richtig: Der Beklagte bestreitet, die Urkunde unterschrieben zu haben.

m) Angetretener Beweis ist mitzuteilen, und zwar jeweils im Zusammenhang mit der Behauptung, für die ein Beweismittel angeboten wird.

Bereits erhobene Beweise sind als Beweisangebote nicht zu erwähnen, da ihr Ergebnis in dem Abschnitt über die Beweisaufnahme gebracht wird.

n) Die richtige Zeitform ist auch hier die Gegenwart.

6. Die Erwiderung des Klägers.

a) Der Kläger nimmt hier zu den Behauptungen des Beklagten Stellung und stellt unter Umständen neue Gegenbehauptungen auf.

b) Der Kläger hat hier die entsprechende Stellung, wie sie der Beklagte gegenüber dem Klagvortrag hat.

c) Es gelten die für den Beklagten im vorigen Abschnitt aufgestellten Regeln sinngemäß.

7. Eine etwaige Entgegnung des Beklagten.

Hier gilt dasselbe wie zuvor.

8. Die Darstellung der Beweisbeschlüsse.

a) Es ist notwendig, den Inhalt der Beweisbeschlüsse im Sachbericht zu bringen.

Fehlt die Wiedergabe, dann ist der Bericht unvollständig.

b) Das gilt selbst dann, wenn der Beweisbeschluß bereits ausgeführt und die Zeugen vernommen sind.

Grund: Der Beweisbeschluß läßt Umfang, Ziel und Thema der Beweisaufnahme erkennen.

c) Notwendig aber nur:

Wiedergabe des wesentlichen Inhalts der Beweisbeschlüsse.

d) Weitläufige Beweisbeschlüsse sind zusammenzufassen; aus den Schriftsätzen in den Beweisbeschluß aufgenommene langatmige Parteischilderungen sind auf ihren sachlichen Kern zusammenzudrängen.

Fehler und Unebenheiten der Beweisbeschlüsse sind bei der Wiedergabe zu vermeiden.

Nur der sachliche Inhalt der Beweisbeschlüsse darf nicht verändert werden, denn es ist der in den Akten befindliche Beweisbeschluß darzustellen, nicht ein Beweisbeschluß, den man etwa selbst für richtig hält und erlassen haben würde.

e) Formalien, wie Datum usw., sind unerheblich und deshalb fortzulassen.

Es kommt *nur auf den sachlichen Inhalt* an.

f) *Grundsätzlich ist eine wörtliche Wiedergabe zu vermeiden.*

g) Ausnahmen hiervon nur dann, *wenn es auf den Wortlaut* ankommt, wie etwa bei einer von einer Partei behaupteten Äußerung bestimmten Wortlautes.

h) Schilderung des Inhalts in indirekter Rede.

i) *Zeitform:* Perfekt.

9. Die Darstellung des Ergebnisses der Beweisaufnahme.

a) Auch das Beweisergebnis ist *nur im wesentlichen* wiederzugeben.

b) *Nicht wörtlich.*

c) *Wörtlich nur dann, wenn es aus besonderen Gründen auf den Wortlaut*, etwa einer *Aussage, ankommt.*

d) *Die Wiedergabe muß so klar und in sich verständlich sein, daß keine Mißverständnisse entstehen können.*

Mit anderen Worten:

Die Wiedergabe muß ein getreues Bild von dem sachlichen Inhalt des Beweisergebnisses vermitteln.

e) *Der Referendar hat sich einer Würdigung oder sonstigen Stellungnahme zum Beweisergebnis in jeder Beziehung zu enthalten.*

Die Wiedergabe muß also objektiv, muß unparteiisch sein.

f) Die Wiedergabe der Aussagen erfolgt in indirekter Rede.

g) Zeitform: Perfekt.

h) Mitteilungen über die Person insbesondere Alter und Beruf der Zeugen oder Sachverständigen sind notwendig, da diese Angaben für die Wertung der Zeugen von maßgeblicher, oft sogar ausschlaggebender Bedeutung sind.

Beispiele: Angabe des Alters und des Berufes,
ob verwandt oder verschwägert,
ob Interesse am Ausgange des Rechtsstreites,
ob sonstige Beziehungen zu einer der Parteien,
ob eidliche oder uneidliche Aussage.

i) Bei umfangreichen Gutachten nur Wiedergabe des Ergebnisses.

So ist es z. B. unnötig, bei einem etwa 50 Schreibmaschinenseiten langen medizinischen Gutachten über die Geschäftsfähigkeit einer Partei die einzelnen medizinischen Gründe des Sachverständigen wiederzugeben.

Es genügt die Mitteilung, daß der Sachverständige zu diesem oder jenem Ergebnis kommt, etwa hinzufügend, daß der Sachverständige das Vorliegen einer bestimmten, näher zu benennenden Krankheit bejaht.

k) In diesen Abschnitt gehören nur die Beweisergebnisse.

l) Es ist falsch, hier protokollarisch aufgenommene Äußerungen der Parteien wiederzugeben, sofern sie nicht Parteivernehmungen auf Grund eines Beweisbeschlusses sind.

Sind die Parteien, wie in der Regel, nur als Parteien und nicht als Beweismittel gehört, dann sind ihre Ausführungen Parteibehauptungen und als solche in den Sachbericht einzugliedern.

Dieser Gesichtspunkt ist streng zu beachten, fast in jeder Arbeit findet man diesen Fehler.

Die Sprache des Sachberichtes.

Erste Voraussetzung ein gutes Deutsch!

Vermeidung von Fremdwörtern und Schachtelsätzen!

Gepflegter und guter Stil, der sehr oft darunter leidet, daß die Ausdrucksweise über sachlichen Schwierigkeiten vergessen wird.

Deshalb müssen Sachbericht wie Gutachten nach Fertigstellung noch einmal in dieser Hinsicht überarbeitet und ausgefeilt werden.

Auch bei Prüfungsarbeiten muß der Referendar die Zeit so einteilen, daß er diese Abschlußarbeit in Ruhe und mit aller Sorgfalt ausführen kann.

Es macht einen schlechten Eindruck, wenn eine Arbeit noch voller Tipp- und Satzzeichenfehler steckt und man das Gefühl hat, daß der Referendar nur mit größer Mühe fertig geworden ist.

Auch die richtige Zeiteinteilung ist eine Prüfungsleistung!

III. Vorbereitung des Sachberichtes.

1. Erste Voraussetzung:

Gründlichstes Aktenstudium.

Die Arbeit beginnt mit dem Aktenlesen!

Dieses ist eine der wichtigsten Vorarbeiten, denn nur der
kann den Akteninhalt voll erschöpfen,
kann ihn richtig geistig verarbeiten,
kann das Wesentliche vom Unwesentlichen trennen,
kann der Sache voll gerecht werden,
kann zu dem gesunden, richtigen und billigen Ergebnis kommen,
der den Akteninhalt voll und bis in das Kleinste beherrscht.

Immer wieder erlebt man es,
daß die Referendare Wichtiges übersehen und im Sachbericht überhaupt nicht erwähnen, daß Tatsachen falsch oder doch entstellt wiedergegeben und eingeordnet werden, weil die Durcharbeitung der Akten nicht gründlich und sorgfältig genug war.

Man darf an die Anfertigung des Sachberichts erst herangehen, wenn man den Akteninhalt restlos erfaßt hat, und sozusagen unabhängig von den Akten beherrscht.

2. Weiter muß man sich den Tatsachenstoff, nachdem man ihn als solchen beherrscht, gedanklich einordnen, und hierbei muß sich der Referendar zunächst ein allgemeines Bild von der Rechtslage verschaffen, da die Einordnung sonst nicht gelingen kann.

Es ist falsch, wenn manche Referendare den Sachbericht als etwas Nebensächliches behandeln, ihn nach flüchtigem Aktenstudium hinwerfen und ihre ganze Kraft nur dem Gutachten widmen.

Ein gutes Gutachten setzt notwendig einen guten Sachbericht voraus.

Und damit gebe ich auch die Antwort auf die Frage, was macht man zuerst: Das Gutachten oder den Sachbericht? Oder bei der häuslichen Arbeit: das Gutachten oder den Tatbestand des Urteils?

Zuerst: den Sachbericht.

Zuerst: den Tatbestand.

Dies ist das beste Mittel für ein richtiges, vollständiges und dem Gesamttatsachenstoff gerecht werdendes Gutachten.

Selbstverständlich wird man den Sachbericht oder Tatbestand nach Fertigstellung des Gutachtens noch einmal überarbeiten, da die durch das Gutachten gewonnene größere Klarheit manchmal noch Verbesserungen und weitere Ausfeilungen in Anordnung wie Darstellung ermöglicht.

3. *Hilfsmittel für die Stoffsammlung:*

a) Die Akten sind zunächst einmal ganz durchzulesen, um sich einen Gesamteindruck zu verschaffen.

b) Auffälliges kann man sich auf einem Zettel vermerken, damit man ihm später nachgehen kann.

c) *Es ist falsch, die Akten von hinten zu lesen oder wahllos irgendwo anzufangen.*

Da man den ganzen Akteninhalt verarbeiten muß, sind die ganzen Akten von A—Z durchzulesen.

Daß der Praktiker oft bei der Tagesarbeit zunächst hinten in die Akten sieht, hat einen anderen Grund. Er will sehen, weshalb ihm die Akten vorgelegt werden. Oft handelt es sich um Maßnahmen, die die Kenntnis der gesamten Akten nicht erfordern.

d) Nach dem ersten Lesen versucht man sich den Prozeßstoff in Gedanken zu vergegenwärtigen und roh und in groben Umrissen zusammenzustellen.

e) Diese eigene Gedankenarbeit ist wichtig. Oft lesen und lesen die Referendare nur, ohne daß sie dabei weiter kommen, ohne daß sie auch etwas erfassen.

Jedes Lesen muß die Arbeit fördern, muß uns in der Kenntnis des Sach- und Streitstandes vertiefen.

Das eigene Durchdenken und Überdenken zwischen dem Lesen ist also eine wichtige Selbstkontrolle!

f) *Beim zweiten Lesen soll man besonders auf das achten, was einem unklar geblieben ist.*

Ferner sein Augenmerk darauf richten, was nach Lage der Sache das Wesentlichste ist.

Zugleich Aktenteile, die für den sachlichen Inhalt bedeutungslos sind, wie Vertagungsprotokolle, widerrufener Vergleich und ähnliches durch Einknicken der Aktenblätter ausscheiden, damit man sich auf den wichtigen Akteninhalt konzentrieren kann.

g) Kommt man bei diesem zweiten Lesen an einen wesentlichen Punkt, z. B. an einen Gegenstand des Streites bildenden Vertrag, so wird man wiederum eine Denkpause machen, um sich den Vertragsinhalt genau einzuprägen.

Zunächst als Ganzes.

Dann die Einzelbestimmungen nacheinander.

Hierdurch sichert man sich gegen Zufälligkeiten. Es wird keine wichtige Vertragsbestimmung übersehen und man erfaßt die Einzelbestimmungen zugleich im Rahmen des Vertragsganzen.

h) Lautes Vorlesen kann hierbei sehr oft nützlich sein. Oft wird einem dann ein Unterschied klar, oder es wird einem alles beim Sprechen bewußter und betonter.

i) *Jedenfalls darf man erst weitergehen, wenn man den Vertrag richtig im Kopfe hat.*

k) Eine Flüchtigkeit bei dieser Vorarbeit kann unter Umständen das Ergebnis der ganzen Arbeit gefährden.

l) *Nach dem zweiten Lesen wieder Gedankenpause.*

Zweck: Erneute Überlegung und Vervollständigung des Gesamtbildes.

m) *Drittes Aktenlesen:*

a) zur weiteren Vertiefung,

b) zur besonderen Vorbereitung des Aufbaues des Sachberichtes.

Jetzt, nachdem man den Stoff allgemein beherrscht, geht man an die Einordnung für den anzufertigenden Sachbericht, dessen Regeln man natürlich genau kennen muß.

Und erst jetzt hat diese Einordnungsarbeit Sinn und Zweck.

Das dritte Aktenlesen dient also der aufmerksamen Untersuchung:

Wo sind die einzelnen Tatsachen nach Lage des Falles, der einem als Ganzes nun gegenwärtig, am besten einzuordnen?

Wie kann man den Leser am besten in den Stoff einführen?

n) Hier wird nun oft die wahllose und ungeschickte Anordnung in dem Parteivorbringen ein Fingerzeig und eine Warnung sein, welche Fehler man vermeiden muß.

War z. B. die Darstellung der Klage nicht auf den ersten Blick verständlich, so wird man vermeiden, in ihre Fehler zu verfallen.

o) *Und mit diesem dritten Aktenlesen verbindet man eine Stoffsammlung, wie ich sie im nachstehenden Muster zeige.*

p) Diese Stoffsammlung hat folgende Vorteile:
1. Sie macht frei von den Schriftsätzen der Parteien.
2. Sie gibt die Gewähr, daß keine Tatsache übersehen wird, vorausgesetzt, daß gründlich gearbeitet wird.
3. Sie zwingt zur Überlegung, wo ordne ich die einzelne Tatsache ein.
4. Schreibt man einfach darauf los, dann hängt es in der Regel von Zufälligkeiten ab, wo die einzelne Tatsache hinkommt.
5. Es wird erreicht, daß die Einordnung und Ausführung des Sachberichtes nicht in einem gemacht werden.

Man konzentriert sich bei der Stoffsammlung auf die Einordnung der einzelnen Tatsache und die Vollständigkeit, man kann sich dann, gesichert durch die Stoffsammlung, bei der Ausführung ausschließlich der Darstellung und ihrer bestmöglichen Ausgestaltung widmen.

q) Die Stoffsammlung, die nur Stichworte enthält, entspricht in ihrer Anordnung dem Aufbau des Sachberichtes, denn sie soll diesen vorbereiten.

r) Die erste Stoffsammlung ist noch nicht die geeignete Grundlage für die Anfertigung des Sachberichtes selbst.

Sie bedarf vielmehr mehrfacher Überarbeitungen.

s) Die erste Überarbeitung ist ausschließlich auf die Frage der Vollständigkeit zu erstrecken. Diese darf nicht unterschätzt werden.

Hilfsmittel:

Man liest die ganzen Akten noch einmal genau durch und prüft bei jeder Tatsache, ob sie in der Stoffsammlung aufgeführt ist.

t) Die zweite Überarbeitung muß sich auf die Richtigkeit der Einordnungen in der Stoffsammlung erstrecken.

Bei kleineren Sachen wird man beide Ziele miteinander verbinden können.

u) Bei der ersten Stoffsammlung wird man Tatsachen, deren Einordnung zweifelhaft ist, zunächst dort einstellen, wo man es gefühlsmäßig für richtig hält,

gleichzeitig aber diese Tatsache für eine spätere Sonderprüfung durch Unterstreichung oder sonst kenntlich machen.

v) Bei der ersten Stoffsammlung werden die Tatsachen innerhalb der einzelnen Abschnitte oft ungeordnet bleiben, da sie nach der Erwähnung im Akteninhalt eingetragen werden.

w) Eine weitere Sonderaufgabe besteht also darin: die zusammengetragenen Tatsachen innerhalb der einzelnen Abschnitte nach den Bedürfnissen des darzustellenden Falles zu ordnen.

Hilfsmittel:

Numerieren der einzelnen Tatsachen, um so ihre Reihenfolge für die Ausführung festzustellen.

x) Hier muß alles das Beachtung finden, was für den Aufbau des Sachberichts Bedeutung hat.

y) Man muß die Stoffsammlung mit aller Energie folgerichtig durchführen.

Nur dann hat sie Wert, dann aber auch großen.

Das Schema der Stoffsammlung:

Es folgen zunächst noch einige mehr technische Erläuterungen und Ratschläge für die Anordnung und Ausgestaltung der Stoffsammlung:

1. Hier soll nur das ungefähre Schema gezeigt werden.
2. Man nimmt, wie dargestellt, am besten einen Doppelbogen, damit man eine möglichst große Fläche zur Verfügung hat.
3. Zwischen den einzelnen Abschnitten immer Platz lassen, um Ergänzungen nachzutragen.
4. Reicht der Platz nicht aus, dann unten einen, gegebenenfalls auch mehrere Doppelbogen anlegen.
5. Nicht zu eng schreiben, damit die Übersicht nicht verloren geht.

   Wichtig für die Einordnungsarbeit!
6. Für jede neue Behauptung eine neue Zeile und etwas Abstand von der vorigen, damit Berichtigungen, Vervollständigungen usw. nachgetragen werden können.
7. Deutlich, leserlich schreiben, sonst geht der beste Vorteil der Stoffsammlung verloren.
8. Anträge der Parteien werden einander gegenübergestellt, damit man den Umfang des Streites mit einem Blick erfassen kann.
9. Die Anträge durch Einrücken hervorheben.
10. Das Unstreitige, die Darstellung der Beweisbeschlüsse und des Ergebnisses der Beweisauf-

nahme sind als feststehender Prozeßstoff in der Mitte des Bogens zu bringen.

11. Das einseitige Parteivorbringen dagegen ist auch äußerlich als solches kenntlich zu machen, indem das Vorbringen des Klägers auf der linken, das des Beklagten auf der rechten Seite gebracht wird.

12. Das Vorbringen der Parteien ist aber nicht unmittelbar gegenüberzustellen, sondern gestuft nacheinander zu bringen.

Grund: Es stehen sich sonst, da die Stoffsammlung zunächst nach der Reihenfolge des Akteninhalts erfolgt, Behauptungen einander gegenüber, die nichts miteinander zu tun haben.

13. Ist die Stoffsammlung vollständig, sind die einzelnen Abschnitte in sich geordnet, dann kann man sich vom streitigen Vorbringen der Parteien gegebenenfalls noch eine besondere Gegenüberstellung machen und hierbei den jeweiligen Behauptungen des Klägers die dazu gehörigen Gegenbehauptungen des Beklagten gegenüberstellen.

Beispiel:

Vortrag des Klägers:	Vortrag des Beklagten:
Behauptung Nr. 1	Bestreiten
„ Nr. 2	Gegenbehauptung
„ Nr. 3	Gegenbehauptung.

Stoffsammlung.

Die unstreitigen Tatsachen
auch Geschichtserzählung genannt

Der streitige Tatsachenvortrag des Klägers		
Der Klagantrag	—	Der Antrag des Beklagten
		Der streitige Tatsachenvortrag des Beklagten.
Die Erwiderung des Klägers		
		Eine etwaige Entgegnung des Beklagten

Die Darstellung der Beweisbeschlüsse

Die Darstellung des Ergebnisses der Beweisaufnahme.

IV. Das Gutachten.

Standpunkt des Gutachters:

Der Referendar muß das Gutachten in der Rolle des Berichterstatters abfassen, der dem Gericht — zur Zeit der Kammer oder dem Senat, später dem nach dem Führerprinzip allein entscheidenden Richter — die Sache vorträgt,

mit dem Ziel:

die Mitglieder des Gerichts in den Stand zu setzen, auf Grund des gehörten Gutachtens nunmehr ihr eigenes Urteil in der Sache abgeben zu können,

durch das Mittel:

einer erschöpfenden, wohlgeordneten Erörterung aller für die Entscheidung wichtigen Fragen.

Grundlagen des Gutachtens:

Die ausschließliche Grundlage des Gutachtens bildet das im Sachbericht gesammelte Tatsachenmaterial.

Es dürfen also im Gutachten keine Tatsachen verwendet werden, die nicht auch im Bericht stehen.

Wer gegen diesen Grundsatz verstößt, begeht einen schweren Fehler.

Verwendet man im Gutachten Tatsachen, die der Bericht nicht enthält, dann ist dieser eben nicht vollständig!

Was ist ein Gutachten?

Eine auf klare und folgerichtige Gedankenführung abgestellte, nach Zweckmäßigkeitsgesichtspunkten aufgebaute und auf eine praktische, billige, gerechte und lebensnahe Lösung des Streitfalles abzielende, erschöpfende, rechtliche wie tatsächliche Würdigung des im Sachbericht niedergelegten Gesamtstoffes.

Nach Zweckmäßigkeitsgesichtspunkten aufgebaut:

Für den Aufbau des Gutachtens gelten bestimmte Regeln, die, richtig betrachtet, Erfahrungssätze und Richtlinien darstellen.

Diese Aufbauregeln sind keine starren, kalten Normen, sie sind nur der Ausgangspunkt, der äußere Rahmen, der den inneren Bedürfnissen des Einzelfalles unschwer und ohne Zwang angepaßt werden kann.

Diese Aufbauregeln sind nicht nur um der juristischen Logik willen da. Ihre Anwendung ist nicht Selbstzweck; sie sind vielmehr erprobte Hilfsmittel.

Die Befolgung der Regeln hat den praktischen Wert,
daß man zielbewußt und ohne Umschweife zu der zu findenden Lösung vordringt,
daß nichts Unnötiges untersucht und erörtert wird, daß nichts übersehen wird,
daß jeder Punkt an der rechten Stelle des Gutachtens Behandlung findet,
daß der Streitfall nach jeder Richtung voll ausgeschöpft und gewürdigt wird,
daß ein übersichtliches, einheitliches Ganzes entsteht,
daß eine sichere Grundlage für die zu treffende Entscheidung geschaffen wird.

Klare und folgerichtige Gedankenführung:

Das Gutachten muß klar, d. h. als Ganzes in sich, aber auch in seinen einzelnen Teilen verständlich sein. Die Fassung des Gutachtens muß so sein, daß der Leser an keiner Stelle genötigt ist, zunächst zu überlegen, was will der Referendar hiermit sagen oder wie ist das zu verstehen.

Die Ausdrucksweise muß also stets eindeutig und nach jeder Richtung unmißverständlich sein.

Klar ist aber nur eine Gedankenführung, die auch folgerichtig ist; eines muß auf dem anderen aufgebaut sein; das Spätere muß die Folgerung aus dem Früheren sein. Jeder Gedanke erhält seinen Platz dort, wo er nach richtiger Gedankenfolge hingehört.

Zwischen den einzelnen Teilen des Gutachtens muß ein innerer Zusammenhang hergestellt werden, der das Ganze zu einer Einheit zusammenfaßt.

Das ist keine übertriebene juristische Spitzfindigkeit, keine überspitzte juristische Logik.

Die Forderung der Folgerichtigkeit der Gedanken ist organisch und steht einem lebensnahen, dem gesunden Rechtsempfinden entsprechenden Urteil in der Sache in keiner Weise entgegen.

Klare Gedankenfolge kann der Sache nur förderlich und dienlich sein.

Praktisch:

Es handelt sich nicht um die Anfertigung eines theoretischen, rechtswissenschaftlichen Gutachtens. Der Referendar muß stets vor Augen haben, daß er einen Prozeß praktisch entscheiden soll.

Diese Erkenntnis ist wichtig, da vieles, was der Rechtsstudent für die Anfertigung der theoretischen Übungsarbeiten auf der Universität erlernt hat, und was dort richtig war, für das praktische Gutachten nicht gilt.

So ist es bei der wissenschaftlichen Arbeit richtig, auf aufgetauchte Zweifelsfragen näher und in wissenschaftlicher Weise selbständig einzugehen, während dies bei dem praktischen Gutachten falsch ist.

Hier kann man sich auf solche Streitfragen, wenn sie nicht den Kern des Prozesses darstellen, nicht näher einlassen.

Man muß vielmehr die Frage kurz aufzeichnen und mit knapper Begründung nach den Bedürfnissen der Praxis entscheiden, so etwa prozessuale Vorfragen, die längst ausgetragen, oder materielle Streitfragen, die für die Praxis als endgültig geklärt zu betrachten sind.

Die Referendare verfallen immer wieder in den Fehler, auf auftauchende, für die Entscheidung an sich unwichtige Streitfragen in aller Weitschweifigkeit einzugehen. Man merkt direkt, mit welcher Freude solche Fragen behandelt werden. Hier muß der Referendar strenge Selbstzucht üben!

Es hat die Regel zu gelten:

Jeder Satz muß das Gutachten der praktischen Entscheidung einen Schritt näher bringen.

Sehr oft findet man aber in den Gutachten langatmige, seitenlange Ausführungen zu einer einzigen völlig nebensächlichen Frage, die die praktische Entscheidung in keiner Weise fördert.

In der Beschränkung zeigt sich auch hier der Meister! Im Einzelfall muß der juristische Takt und die Einfühlung in die Sache entscheiden, welcher Umfang den einzelnen Fragen nach ihrer Bedeutung für die Entscheidung zukommt.

Selbstverständlich müssen alle für die Entscheidung erheblichen Rechtsfragen gründlich und auch wissenschaftlich behandelt werden.

Hierbei ist aber eigene und selbständige geistige Arbeit des Referendars zu fordern, der die Aufgabe hat, mit eigenen Gedankengängen und eigenen Worten seine Ansicht zu begründen.

Wer sich auf Zitate oder auf mehr oder weniger abgeschriebene Gründe beschränkt, läßt mangelnde Selbständigkeit im Urteil wie im Denken erkennen.

Wenn man sich richtig hineindenkt, findet man auch eigene Gründe, um so mehr als jeder Fall anders gelagert und somit auch die Begründung der Entscheidung jeweils eine andere ist.

Benutzte Entscheidungen oder sonstige Literatur sind mit größter Sorgfalt und Gewissenhaftigkeit zu zitieren. In der Regel wird es genügen, das Zitat in Klammern zu setzen, da selbständige Anmerkungen erfahrungsgemäß beim Lesen leicht stören und aus dem Zusammenhang reißen.

So anführen, daß der Leser die Entscheidung, Gesetzesstelle usw. ohne Mühe und sicher finden kann.

Falsch: JW. 1937 S. 232.
(Ungenau, man weiß nicht, ob es sich um eine Entscheidung oder einen Aufsatz handelt, auch nicht, welches Gericht die Entscheidung erlassen oder wer den Aufsatz geschrieben hat.)

Richtig: so RG. (Urteil vom 6. Nov. 1936) in JW. 1937 Heft 5 S. 232 Nr. 15.

Da es sich um ein praktisches Gutachten handelt, muß man auch dem ausgesprochenen praktischen Teil des Gutachtens — der Beweiswürdigung — besondere Beachtung schenken.

Jedenfalls ist es falsch, ist ein schwerer Fehler, wenn die Beweiswürdigung in vielen Gutachten mit abgebrauchten Redewendungen in kurzen Sätzen, also völlig oberflächlich, abgetan wird.

Praktisch muß endlich auch die Sprache des Gutachtens sein, nicht weitschweifig, nicht geschachtelt, frei von Fremdwörtern und unnötigem Ballast.

Knapp und gedrängt, anschaulich und überzeugend, lebendig und von innerer Anteilnahme; denn
Zweck des Gutachtens ist nicht: eine juristische Glanzleistung;
Zweck des Gutachtens ist vielmehr: die Meisterung und Lösung wirklicher Lebensverhältnisse.

Billig, gerecht und lebensnah:

Mit diesen Worten ist die notwendige innere Einstellung des Referendars umrissen. Es muß dem Referendar **um die richtige Entscheidung im besten Sinne dieses Wortes zu tun sein.**

Ich habe viele Relationen gelesen, die deutlich erkennen ließen, daß die Bearbeiter nicht die richtige innere Einstellung zu ihrer Arbeit hatten. Daß sie — entweder aus Zeitmangel oder behindert durch vermeintliche technische Schwierigkeiten — die Sache nur äußerlich, nur oberflächlich bearbeitet hatten.

Sicher ist das Handwerksmäßige wichtig, aber man muß sich stets bewußt sein, daß man mit der Technik, der juristischen Kunst allein die richtige Entscheidung nicht finden kann, sondern daß diese als innere Erkenntnis aus der Gesamtarbeit herauswachsen muß.

Die richtige Grundeinstellung zum Recht überhaupt,
die gediegene Beherrschung der Gesetze
und die Anwendung der juristischen Technik
sind die inneren und äußeren Hilfsmittel, die Voraussetzung hiefür sind.

Erschöpfend:

Das Gutachten muß den zur Entscheidung stehenden Streitfall **sachlich** restlos durchdringen und ausschöpfen.

Es darf keine Frage übersehen werden.

Insbesondere muß die vorgeschlagene Entscheidung den Klagantrag **voll** zur Erledigung bringen. Es ist ein schwerer Fehler, wenn — was immer wieder vorkommt — Antragsteile unerledigt bleiben. Das gilt auch von Nebenforderungen, wie Zinsen, und gilt ebenso hinsichtlich des Kostenpunktes.

Der Aufbau des Gutachtens:

1. Prüfung der formalen und prozessualen Voraussetzungen.
2. Der sachliche Vorschlag.
3. Schlüssigkeitsprüfung der Klage.
4. Schlüssigkeitsprüfung der Verteidigung des Beklagten.
5. Schlüssigkeitsprüfung der Erwiderung des Klägers.
6. Schlüssigkeitsprüfung einer etwaigen nochmaligen Entgegnung des Beklagten.
7. Die Feststellung der beweiserheblichen streitigen Tatsachen.
8. Die Beweislastfrage.
9. Die Beweiswürdigung.
10. Die Schlußfolgerungen aus der Beweiswürdigung.
11. Vorbereitung des formellen Vorschlages und der Nebenentscheidungen.
12. Der formelle Vorschlag.

1. Prüfung der Formalien und prozessualen Voraussetzungen.

a) Daß diese Prüfung an den Anfang des Gutachtens gehört, liegt in der Natur der Sache.

b) Diese Prüfung ist in der Mehrzahl der Fälle, in erster Linie mehr eine gedankliche, d. h. in den Text des Gutachtens ist nur das aufzunehmen, was zu Zweifeln und besonderer Stellungnahme Anlaß gibt.

Sind die Formalien und prozessualen Voraussetzungen in Ordnung, dann erübrigt sich jede Erörterung hierüber.

c) Gegen diesen Grundsatz wird sehr oft von den Referendaren verstoßen, indem unwichtige Kleinigkeiten unnötig behandelt, ja breitgetreten werden.

d) Das Gutachten ist nicht dazu da, um Wissen an den Mann zu bringen, oder an dem Gang des zu bearbeitenden Verfahrens Kritik zu üben.

e) Das enthebt aber den Referendar nicht der Verpflichtung, die Formalien und prozessualen Voraussetzungen sorgfältigst und nach jeder Richtung zu prüfen.

Denn wird ein prozessualer Fehler, der vielleicht sogar wie die Frage der Parteifähigkeit oder der Zulässigkeit des Rechtsweges von Amts wegen zu prüfen ist, übersehen, so kann dadurch das ganze weitere Gutachten und damit auch der Vorschlag selbst falsch werden.

f) Es kann sogar Fälle geben, in denen — ausnahmsweise — das Schwergewicht des Prozesses bei den prozessualen Fragen liegt.

In solchen Fällen muß der Besonderheit der Situation durch entsprechende Ausgestaltung des Gutachtens Rechnung getragen werden.

g) Führt die Erörterung von Prozeßvoraussetzungen oder Prozeßhindernissen zur Prozeßabweisung, so ist diese folgerichtig als Vorschlag des Hauptgutachtens zu bringen, ohne daß im Hauptgutachten auf die Sache selbst eingegangen werden könnte.

h) In diesem Falle ist ein selbständiges Hilfsgutachten zu fertigen, das den im Hauptgutachten festgestellten Prozeßmangel als nicht gegeben unterstellt und auf dieser Grundlage den Sachanspruch selbst untersuchen und entwickeln kann wie im gewöhnlichen Gutachten auch.

2. Der sachliche Vorschlag.

a) Als Eingang des sachlichen Gutachtens bringt man kurz den als richtig erkannten sachlichen Vorschlag.

b) Wenn auch das Gutachten selbst erst zu diesem Ergebnis hinführen und seine Richtigkeit beweisen soll, so widerspricht das dieser Anordnung nicht, denn der Referendar muß sich doch vor Abfassung des Gutachtens auf Grund der gedanklichen Vorarbeit über das Ergebnis klar sein.

c) Wer mit der Abfassung des Gutachtens beginnt, ohne die Sache rechtlich gründlichst durchdacht zu haben und ohne sich über das Ergebnis klar zu sein, kann sehr leicht Schiffbruch leiden.

d) Mit dem sachlichen Vorschlag wird für das Gutachten sozusagen ein Obersatz aufgestellt, der dem Verfasser selbst eine klare Zielrichtung und dem Leser eine bestimmte Blickrichtung gibt.

e) Der Vorschlag wird an dieser Stelle des Gutachtens lediglich in der Form einer kurzen sachlichen Mitteilung gebracht, die die am Schlusse des Gutachtens zu bringende Wortfassung des formellen Entscheidungsvorschlages in keiner Weise ersetzen soll.

Der sachliche Vorschlag soll lediglich in den sachlichen Teil des Gutachtens einführen und zu ihm überleiten.

f) Beispiel: ohne voraus zu erörternde Förmlichkeiten:

Mein Vorschlag geht dahin, der Klage stattzugeben.

Bei vorhergehender Erörterung über Förmlichkeiten:

In der Sache selbst halte ich die Klage für unbegründet,

oder

bei einer zweitinstanzlichen Sache:

In der Sache selbst schlage ich vor, der Berufung zu entsprechen.

3. Schlüssigkeitsprüfung der Klage.

a) Wann ist eine Klage schlüssig?

Wenn die vorgetragenen Tatsachen das Klagbegehren unter irgendeinem rechtlichen Gesichtspunkt zu stützen vermögen.

b) Die Schlüssigkeitsprüfung der Klage setzt daher voraus:

die Ermittlung der möglichen Klaggründe und ihrer Voraussetzungen.

c) Die Schlüssigkeitsprüfung selbst ist also die Prüfung,
ob die vorgetragenen Tatsachen den Tatbestand dieser möglichen Klaggründe oder doch einen von diesen erfüllen.

d) Im Regelfalle wird diese zweiseitige Prüfung eng ineinander greifen oder sogar zusammenfallen; man muß sich aber immer beider Untersuchungen bewußt sein.

e) Tatsächliche Grundlagen für die Schlüssigkeitsprüfung der Klage sind:
1. das Unstreitige, denn dieses wird von beiden Parteien übereinstimmend vorgetragen, ist also auch geeignet, soweit dies in Frage kommt, als Klagvortrag zu dienen,
2. die vom Kläger zur Stützung der Klage vorgetragenen streitigen Tatsachen.

f) Hieraus folgt, daß es für die Schlüssigkeitsprüfung völlig gleichgültig ist, ob eine Klagtatsache streitig oder unstreitig ist.
Dies wird erst bei der späteren Feststellung der beweiserheblichen streitigen Tatsachen von Bedeutung.

g) Für die Schlüssigkeitsprüfung sind alle zu verwertenden Tatsachen zugrunde zu legen (Ziffer e 1 und 2).
Es wird also bei dieser Prüfung zunächst der dem Kläger günstigste Fall als gegeben angenommen.

h) Hierüber muß unbedingte Klarheit herrschen, dann vermeidet man auch das immer wieder vorkommende Durcheinander von Schlüssigkeitsprüfung und Prüfung des Bewiesenseins!

i) Der Referendar, der schon bei der Schlüssigkeit die Beweisfrage prüft, zeigt damit, daß er den Sinn der Schlüssigkeitsprüfung noch nicht erkannt hat.

k) Ergibt die Schlüssigkeitsprüfung, daß der Tatsachenvortrag des Klägers den Tatbestand eines oder gar mehrerer Klaggründe und aus diesen Rechtssätzen auch den Klagantrag zu stützen vermag, so ist die Klage schlüssig.
Damit steht aber noch keineswegs fest, ob die Klage auch begründet ist.
Das hängt — abgesehen von der übrigen Verteidigung des Beklagten — davon ab, ob die vom Beklagten bestrittenen Klagtatsachen vom Kläger auch bewiesen werden.

Diese Frage ist aber erst in einem späteren Stadium des Gutachtens, nämlich bei der Beweiswürdigung zu prüfen.

Denn erst dann steht fest, ob es nach der übrigen Verteidigung des Beklagten überhaupt auf eine Beweisaufnahme über streitige Klagtatsachen und ihre Beweiswürdigung noch ankommt,

oder ob nicht etwa die schlüssige Klage schon auf Grund einer auf unstreitigen Tatsachen beruhenden schlüssigen und begründeten Einrede des Beklagten abzuweisen ist.

l) Ergibt die Schlüssigkeitsprüfung dagegen, daß der Tatsachenvortrag des Klägers nicht ausreicht, um die Klage unter irgendeinem noch so entfernt liegenden rechtlichen Gesichtspunkt zu stützen, so ist die Klage unschlüssig.

Das heißt, es steht damit fest, daß die Klage abzuweisen ist,
ohne daß es weiterer Erörterungen bedarf,
ohne daß insbesondere auf die Verteidigung des Beklagten einzugehen ist,
ohne daß zuvor die Beweisfrage behandelt werden kann oder muß.

m) Hier zeigt sich der tiefere Grund der Schlüssigkeitsprüfung und ihr besonderer praktischer Wert.

Die Schlüssigkeitsprüfung ist der Garant dafür,
daß unnötige Beweisaufnahmen vermieden werden,
daß das Gutachten auf dem einfachsten und schnellsten Wege zur Lösung vordringt,
daß auf die Verteidigung des Beklagten nur eingegangen wird, wenn es auf diese überhaupt noch ankommt,
daß die beweiserheblichen Klagtatsachen ermittelt werden,
daß ausnahmslos alle unschlüssigen Klagen bereits in diesem Teil des Gutachtens ausgeschieden werden,
daß sich das Gutachten bei der späteren Untersuchung der Klagtatsachen auf die Beweisfrage konzentrieren kann.

n) Die Schlüssigkeitsprüfung im weiteren Sinne zerfällt nach den gewonnenen Erkenntnissen in:

1. die Ermittlung der rechtlichen Natur des Klaganspruchs,
2. die Prüfung, ob die gefundenen Rechtssätze auch den Klagantrag rechtfertigen,
3. die Feststellung der gesetzlichen Voraussetzungen oder Tatbestandsmerkmale der als Rechtsgrundlage ermittelten Ansprüche,

4. die Schlüssigkeitsprüfung im engeren Sinne.

o) Es sind sämtliche möglichen Klaggründe festzustellen, da nicht feststeht, ob der zuerst ermittelte auch zum Ziele führt, ob er also begründet ist.

Würde man nur einen Klaggrund prüfen, so würde man u. U. mehrfach genötigt sein, in eine erneute Schlüssigkeitsprüfung der Klage einzutreten. Dadurch würde aber sachlich Zusammengehörendes auseinandergerissen und die innere Geschlossenheit des Gutachtens gestört werden.

Auf die Vollständigkeit dieser Prüfung ist also größte Sorgfalt zu verwenden.

p) Bei der Prüfung der Klaggründe ist vor unnatürlichen und gesuchten, weltfremden Konstruktionen zu warnen!

Hier begegnet man immer wieder der Sucht, einen Sachverhalt unter die verschiedensten Gesetzestatbestände unterzuordnen, obwohl diese auf den betreffenden Lebensvorgang gar nicht passen, und die Vertragschließenden z. B. an solche Rechtsgeschäfte überhaupt nicht gedacht haben.

q) Andererseits darf man sich die Arbeit auch nicht zu leicht machen.

In der Regel wird der oder die möglichen Klaggründe klar oder doch leicht erkennbar sein.

Nicht selten paßt einer der typischen Gesetzestatbestände aber nur scheinbar und der richtige, der Sachlage entsprechende Klaggrund ist erst bei tieferem Durchdringen des Stoffes und völligem Verstehen der inneren Zusammenhänge erkennbar.

In solchen Fällen heißt es die Sache gründlichst durchdenken, denn wird der richtige Klaggrund übersehen, dann wird das ganze Gutachten und in der Regel auch das Ergebnis falsch.

r) Es sind die Klaggründe sämtlicher geltend gemachten Ansprüche zu untersuchen.

Oft werden in einer Klage mehrere Ansprüche nebeneinander geltend gemacht. Dann ist die rechtliche Natur aller dieser Klagansprüche zu ermitteln.

Meist werden die mehreren Ansprüche in innerem Zusammenhang miteinander stehen. Dann wird man mit der Schlüssigkeitsprüfung (im weiteren Sinne) des den Kern der Klage bildenden Anspruches beginnen und die Schlüssigkeitsprüfung der anderen folgen lassen.

s) Es sind auch die Klaggründe der Nebenforderungen, insbesondere erhobener Zinsansprüche zu untersuchen.

Diese Punkte werden in den Gutachten wegen ihrer wirtschaftlichen Geringfügigkeit oft allzu leicht abgetan.

Das ist ein Zeichen mangelnder Sorgfalt.

Auch bei diesen Nebenforderungen geht es um Rechtsfindung. Sie müssen deshalb ebenso sorgfältig untersucht werden wie die Hauptansprüche. Nur in der Darstellung wird man sich oft kürzer fassen können.

t) *Zwischen die Ermittlung der Klage und die Feststellung ihrer gesetzlichen Voraussetzungen schiebt sich die Prüfung, ob die festgestellten Ansprüche auch das prozessuale Ziel der Klage — den Klagantrag — zu stützen vermögen.*

Beispiel:

Es handelt sich um eine Klage aus § 1004 BGB. Der Kläger beantragt Verurteilung zur Zahlung von 1000 *RM*, die er als Schadensersatz fordert. Ein anderer Haftungsgrund ist nach der Sachlage nicht gegeben. Hier ist der Anspruch aus § 1004 an sich gegeben. Sein Ziel geht aber ausschließlich auf Unterlassung der unzulässigen Einwirkungen sowie auf Wiederherstellung des früheren Zustandes, dagegen grundsätzlich nicht auf Schadensersatz.

In diesem Falle brauchen weitere Untersuchungen nicht mehr angestellt zu werden, da eine Klage mit einem Klagantrag, für den es an einem ihn rechtfertigenden Klaggrund fehlt, ohne weiteres und zwar in der Sache abzuweisen ist.

u) Die Prüfung der Anträge hinsichtlich der Kosten und vorläufigen Vollstreckbarkeit, die, wie bei der Darstellung des Sachberichts gezeigt wurde, grundsätzlich keine Anträge im strengen Sinne sind, gehört nicht an diese Stelle des Gutachtens.

Denn die Stellungnahme zum Kostenpunkt und zur Frage der vorläufigen Vollstreckbarkeit setzt voraus, daß man weiß, welche Entscheidung in der Hauptsache gefällt wird.

Das ist aber erst das Ergebnis des Gutachtens, so daß die genannten Fragen im Zusammenhang mit der Vorbereitung des formellen Vorschlages zu behandeln sind.

v) *Bei der Feststellung der gesetzlichen Voraussetzungen der ermittelten Klaggründe ist wiederum größte Sorgfalt geboten.*

Sorgsames und ruhiges Durchlesen wie Durchdenken der in Frage kommenden Gesetzesbestimmungen ist unerläßliche Voraussetzung für den sicheren Erfolg.

Auftauchende Rechtsfragen müssen an Hand der Rechtsprechung und des Schrifttums gründlich durchgeprüft werden. Genaue Kenntnis des einschlägigen Rechtsstoffs ist unbedingte Notwendigkeit.

Es werden hier mehr Fehler gemacht als man gewöhnlich glaubt. Und dabei ist diese Prüfung von größter Wichtigkeit, da das Übersehen einer wesentlichen Voraussetzung das Ergebnis des Gutachtens gefährden kann.

Beispiel: Welche Voraussetzungen hat der Darlehnsanspruch?

Fast immer wird hier von den Referendaren übersehen, daß die Fälligkeit des Darlehens, sofern für die Rückerstattung eine Zeit nicht bestimmt ist, nach dem Gesetz (§ 609 BGB.) erst durch Kündigung herbeigeführt werden muß.

w) Bei der Schlüssigkeitsprüfung im engeren Sinne wird eine Wiederholung des Sachverhalts in der Regel entbehrlich sein, da dieser bereits im Sachbericht erschöpfend dargestellt ist.

Ausnahmen von dieser Regel sind aber bei tatsächlich verwickelten Vorgängen oder rechtlich besonders schwierigen Ansprüchen durchaus gerechtfertigt.

Im Einzelfall muß hier das Taktgefühl entscheiden, welcher Weg der richtige ist.

x) Durch die Feststellung der erforderlichen gesetzlichen Voraussetzungen der Klaggründe und die Schlüssigkeitsprüfung im engeren Sinne werden im Falle der Bejahung der Schlüssigkeit gleichzeitig die Behauptungen herausgearbeitet, auf die es für die Entscheidung ankommt und die somit für die später zu erörternde Begründetheit der Klage erheblich sind.

4. Schlüssigkeitsprüfung der Verteidigung des Beklagten.

a) Für diese Prüfung gelten dieselben Regeln wie bei der Schlüssigkeitsprüfung der Klage.

b) Das bedeutet übertragen auf die Verteidigung des Beklagten, daß zugrunde zu legen ist das Unstreitige, soweit es die Verteidigung des Beklagten stützt, und das streitige Vorbringen des Beklagten, also auch beim Beklagten der diesem günstigste Fall unterstellt wird,

daß es auch bei dieser Prüfung auf die Frage, ob die zugrunde liegenden Tatsachen bewiesen werden oder nicht, in keiner Weise ankommt,

daß diese Frage vielmehr zurückgestellt wird, bis feststeht, ob es auf die betreffenden Tatsachen auch endgültig ankommt, denn es könnte doch sein, daß eine an sich schlüssige Einrede des Beklagten durch eine auf Unstreitigem beruhende Gegeneinrede des Klägers ohne weiteres wieder ausgeräumt wird.

c) Für die Schlüssigkeitsprüfung der Verteidigung des Beklagten ergibt sich daher nachstehende Reihenfolge:

1. die Ermittlung der für die tatsächliche Verteidigung des Beklagten in Frage kommenden Rechtsgründe, also der möglichen Einwände oder Einreden,
2. die Prüfung, ob die gefundenen Rechtssätze auch das prozessuale Ziel der Verteidigung des Beklagten — in der Regel die Klagabweisung — zu stützen vermögen.

   Beispiel: Das Zurückbehaltungsrecht nach § 273 BGB. führt zur Verurteilung Zug um Zug. Es kommt also an sich auf die Einrede an. Diese vermag aber den weitergehenden Klagabweisungsantrag nicht zu rechtfertigen,

   oder

   Aufrechnung an sich gegeben, aber gegenüber der Klagforderung unzulässig.

3. Die Feststellungen der gesetzlichen Voraussetzungen oder Tatbestandsmerkmale der als Verteidigungsgrundlage ermittelten Rechtssätze,
4. die Schlüssigkeitsprüfung im engeren Sinne, also die Prüfung, ob die vorgetragenen Tatsachen den Tatbestand der als möglich erkannten Verteidigungsrechtsgründe oder doch einen von diesen erfüllen.

d) Verschiedene tatsächliche Verteidigungen des Beklagten werden in der Regel nacheinander und jede selbständig für sich in der dargestellten Anordnung behandelt.

e) Wird die Schlüssigkeit eines Vorbringens des Beklagten bejaht, dann bleibt, worauf sorgsam zu achten ist, immer noch zu prüfen, ob es auf dieses Vorbringen gerade der Klage gegenüber denn überhaupt ankommt.

f) Auch bei der Schlüssigkeitsprüfung des Beklagten sind, soweit sie bejaht wird,
die Behauptungen scharf herauszuarbeiten, auf die es entscheidend ankommt und die deshalb für die später zu erörternde Begründetheit der Verteidigung erheblich sind.

5. Schlüssigkeitsprüfung der Erwiderung des Klägers.

Es gelten sinngemäß dieselben Regeln wie zuvor.

6. Schlüssigkeitsprüfung einer etwaigen nochmaligen Entgegnung des Beklagten.

Auch diese Prüfung bietet keine neuen Gesichtspunkte oder Schwierigkeiten.

7. Die Feststellung der beweiserheblichen streitigen Tatsachen.

a) Welches sind die beweiserheblichen streitigen Tatsachen?
die streitigen Behauptungen des Klägers oder des Beklagten, die bei der Schlüssigkeitsprüfung als wesentlich und erheblich herausgearbeitet worden sind.
Welche Tatsachen erheblich sind, wurde schon festgestellt. Es verbleibt also hier die Prüfung, welche dieser Tatsachen unstreitig und welche streitig sind.
Da der Kläger oder der Beklagte mit seiner Darstellung nur durchdringen kann, wenn die bei der Schlüssigkeitsprüfung zugrunde gelegten streitigen Tatsachen auch von ihm bewiesen werden,
so müssen diese „beweiserheblichen" streitigen Tatsachen für die Beweisaufnahme zusammengestellt werden.

b) Diese beweiserheblichen streitigen Tatsachen beider Parteien stellen also die Beweissätze dar, die Beweisfragen, über die in der Regel Beweis erhoben werden muß.

c) Warum werden die beweiserheblichen streitigen Tatsachen erst an dieser Stelle des Gutachtens zusammengestellt?
weil man erst jetzt einen Gesamtüberblick hat,
weil jetzt alle wesentlichen Tatsachen, auf die es ankommen kann, ermittelt sind und aus dem bisherigen Gutachten klar hervortreten,

weil man nunmehr alle Tatsachen und auch alle rechtlichen Gesichtspunkte **untereinander in das rechte Verhältnis** bringen kann,

weil man erst jetzt **die rechtlichen Beziehungen zwischen den einzelnen Teilen des Gutachtens** klar erkennen kann.

Erstes Beispiel: die schlüssige Klage beruht zum Teil auf streitigen Tatsachen.

Eine der vom Beklagten erhobenen Einreden, die zur Klagabweisung führen würde, ist schlüssig und stützt sich ausschließlich auf unstreitige Tatsachen.

Hätte man nach Bejahung der Schlüssigkeit der Klage, ohne zuvor die Verteidigung des Beklagten zu prüfen, über die streitigen Klagtatsachen Beweis erhoben, so wäre diese Beweisaufnahme unnötig gewesen, denn jetzt, nachdem alle erheblichen Tatsachen feststehen, zeigt sich, daß die Klage abgewiesen werden muß, ohne daß es überhaupt einer Beweisaufnahme bedarf.

Denn das erforderliche Tatsachenfundament der Einrede ist unstreitig und damit die schlüssige Einrede auch begründet.

Zweites Beispiel: die schlüssige Klage beruht auf unstreitigem Sachverhalt.

Die Verteidigung des Beklagten stützt sich dagegen ausnahmslos oder doch zum Teil auf streitige Tatsachen.

Hier muß natürlich Beweis über die streitigen Verteidigungstatsachen erhoben werden.

Zwar ist die Klage, da schlüssig und ausschließlich auf Unstreitigem beruhend, an sich begründet.

Erst durch die Beweisaufnahme über die streitigen Verteidigungstatsachen kann aber geklärt werden, ob die Klage begründet bleibt oder nicht.

Werden die beweiserheblichen Einredetatsachen bewiesen, dann erstarkt die schlüssige Einrede zur begründeten und die Klage muß abgewiesen werden.

Bleiben die beweiserheblichen Einredetatsachen dagegen unbewiesen, so wird die an sich schlüssige Einrede zur endgültig unbegründeten, der Beklagte muß also verurteilt werden.

Drittes Beispiel: die schlüssige Klage stützt sich zum Teil auf streitige Tatsachen.

Die schlüssige Verteidigung des Beklagten beruht ebenfalls zum Teil auf streitigen Tatsachen.

Dieser Fall ist in der Praxis der häufigste.

Nach der Logik dürfte man zunächst nur über die streitigen Klagtatsachen Beweis erheben, denn werden diese oder doch nicht alle bewiesen, dann müßte die Klage ohne weiteres abgewiesen werden.

In der Praxis setzt man sich — ein weiterer Beweis dafür, daß das Gutachten von Zweckmäßigkeitsgesichtspunkten beherrscht wird — darüber hinweg und erhebt gleichzeitig über alle beweiserheblichen streitigen Tatsachen Beweis, also gleichzeitig über die zur Klage wie über die zur Verteidigung des Beklagten.

Erweist sich im vorliegenden Falle die Klage als begründet, so kommt es auf die weitere Beweisaufnahme stets an.

Ist die Klage dagegen unbegründet, so gewinnt man mit einer etwa begründeten Einrede einen weiteren Klagabweisungsgrund, den man häufend in der Urteilsbegründung anfügen kann.

Bei schwierigen Fällen ist es natürlich gerechtfertigt und wird auch in der Praxis so gehandhabt, daß die Beweisaufnahme zunächst auf die streitigen Klagtatsachen beschränkt wird.

So z. B., wenn durch die Beweisaufnahme über die Verteidigungstatsachen des Beklagten ganz besonders hohe Unkosten entstehen würden.

8. Die Beweislastfrage.

a) An dieser Stelle des Gutachtens — aber nicht früher — wird die Beweislastfrage von Bedeutung.

Denn bleibt eine oder mehrere der als beweiserheblich erkannten Tatsachen unbewiesen, dann muß feststehen, wer den Nachteil des fehlenden Beweises zu tragen hat.

b) Es ist deshalb Klarheit darüber zu schaffen, wen von den Parteien die Beweislast für die einzelnen beweiserheblichen Tatsachen trifft.

c) In vielen Fällen liegt die Frage der Beweislast klar, man kann sie dann entsprechend kurz behandeln.

d) Ein näheres Eingehen ist nur erforderlich, wenn zweifelhaft ist, wem der Beweis der streitigen beweiserheblichen Tatsachen obliegt.

In solchen Fällen unterrichtet man sich am besten zunächst an Hand der Literatur und Rechtsprechung über den Stand der Zweifelsfrage, stellt die verschiedenen Möglichkeiten im Gutachten kurz dar, um sich anschließend mit knapper, aber wesentlicher Begründung für eine bestimmte Ansicht zu entscheiden.

Der Beweisbeschluß.

Hat die notwendige Beweisaufnahme — wie es in den Gutachten der Ausbildungszeit oft vorkommt — noch nicht stattgefunden, so endet das Gutachten nach Zusammenstellung der beweiserheblichen streitigen Tatsachen und Klarstellung der Beweislast mit dem Vorschlag des Beweisbeschlusses, der abschließend als Entwurf wiederzugeben ist.

Der Entwurf muß in jeder Beziehung den im § 359 ZPO. aufgestellten Erfordernissen entsprechen und sich durch Klarheit der Beweissätze und übersichtliche Anordnung auszeichnen.

Für den Examensfall gilt nach den Weisungen für die häusliche Arbeit folgendes:

„Richtet sich der Vorschlag auf eine Beweisaufnahme, die nach den Akten nicht stattgehabt hat, so ist für die weitere Bearbeitung zu unterstellen, daß die Beweisaufnahme angeordnet worden ist und zu einem bestimmten Ergebnis geführt hat."

Hat die Beweisaufnahme bereits stattgefunden, dann kann ohne weiteres die Beweiswürdigung selbst vorgenommen werden.

9. Die Beweiswürdigung.

a) Die Beweiswürdigung ist — nach den Erfahrungen der Praxis — das Kernstück des Gutachtens.

b) In der Beweiswürdigung zeigt sich am deutlichsten der Unterschied zwischen Theorie und Praxis.

Während die Theorie das Recht auf bestimmte, feststehende Tatbestände anwendet, besteht die hauptsächlichste und schwierigste Aufgabe des Richters darin, erst einmal den für die Entscheidung maßgeblichen Sachverhalt im Wege der Beweiswürdigung zu ermitteln.

c) Und die Beweiswürdigung ist — nach den Erfahrungen des Prüfungsamtes und der Ausbilder — der wundeste und schwächste Punkt in den Gutachten der Referendare.

d) Die Schwierigkeiten liegen für den Referendar
1. in mangelnder Übung,
2. bei der häuslichen Arbeit des Examens darin, daß der Referendar die Beweisaufnahme nicht mitgemacht, die Zeugen also weder gesehen noch gehört hat. Es fehlt dem Referendar also die Unmittelbarkeit des Eindruckes, die gerade das Entscheidende ist,
3. darin, daß sich viele Referendare der besonderen Bedeutung der Beweiswürdigung nicht bewußt sind und diese deshalb oberflächlich und mit abgebrauchten, nichtssagenden Redewendungen abtun,
4. darin, daß man sich nicht genug in das Beweisergebnis und seine Zusammenhänge hineindenkt und sich dadurch die besten Gründe für die Beweiswürdigung entgehen läßt.

e) Der Referendar kann diesen Schwierigkeiten entgehen:

Zu 1: indem er jede Gelegenheit der Ausbildungszeit benutzt, um sich in der Kunst der Beweiswürdigung zu üben.

So, indem man z. B. in den Sachen, deren Beweisaufnahme man mitgemacht hat, ohne Bearbeiter zu sein, später das Urteil und seine Beweiswürdigung liest.

Zu 2: Für den Examensfall läßt sich die Unmittelbarkeit des Eindruckes, wenn sie auch das anzustrebende Ideal bleiben wird, nur durch große Übung während der Ausbildung ersetzen, die dann auch größere Gewandtheit und Sicherheit in der Beweiswürdigung zur Folge haben wird.

Für die Ausbildungszeit muß angestrebt werden, daß der Referendar Relationen nur in Sachen fertigt, an deren Beweisaufnahme er selbst teilgenommen hat. Nur dann kann der Referendar eine lebensnahe, auf eigener Urteilskraft beruhende Beweiswürdigung treffen, die, wenn er nur auf die Protokolle angewiesen ist, zwangsläufig ohne Leben und Eigenes sein muß.

Zu 3: Durch die richtige Grundeinstellung gegenüber der Beweiswürdigung, größte Gründlichkeit und Sorgfalt.

Zu 4: Durch eine in das Beweisergebnis eindringende eigene Gedankenarbeit, die der hohen Bedeutung der Beweiswürdigung entspricht.

Man darf sich nicht mit den Gründen begnügen, die klar auf der Hand liegen. Man muß nach weiteren Gesichtspunkten, die für die Beweiswürdigung von Wert sein können, suchen, ohne dabei natürlich in Künsteleien zu verfallen.

10. Die Schlußfolgerungen aus der Beweiswürdigung.

a) Im Anschluß an die Beweiswürdigung ist die Auswertung des Beweisergebnisses zu bringen.

b) Das ist auf Grund der Schlüssigkeitsprüfungen an Hand der ermittelten beweiserheblichen Tatsachen des Klagvortrages wie der Verteidigung des Beklagten ein Leichtes.

c) Stellt sich z. B. heraus, daß eine erhebliche Klagtatsache unbewiesen geblieben ist, dann ist — ich gehe hierbei davon aus, daß sämtliche Beweismittel erschöpft sind und auch eine eidliche Vernehmung einer der Parteien nicht mehr in Frage kommt — die Klage abzuweisen.

Erst recht natürlich, wenn die Beweisaufnahme die vom Klagvortrag abweichende Sachdarstellung des Beklagten bestätigt hat.

d) Das gleiche gilt hinsichtlich der Einwendungen und Einreden des Beklagten.

e) Es wird also in diesem Abschnitt des Gutachtens der für die Urteilsfindung zugrunde zu legende Sachverhalt festgestellt und die durch die Schlüssigkeitsprüfung vorbereitete und erleichterte Rechtsanwendung auf diesen Sachverhalt vorgenommen.

f) Auch hier sind die Schlußfolgerungen aus der Beweiswürdigung für sämtliche Ansprüche, Verteidigungen und Gegenansprüche zu ziehen, damit die Vollständigkeit des Gutachtens gewährleistet wird.

11. Vorbereitung des formellen Vorschlages und der Nebenentscheidungen.

a) Erst jetzt, nachdem die sachliche Entscheidung feststeht, kommt die formelle Seite der vorzuschlagenden Entscheidung zur Erörterung.

b) Hierunter ist als Vorschlag der volle Wortlaut der Entscheidung, also die Urteilsformel gedacht, die gewissermaßen als Abschluß, nachdem zuvor etwaige Zweifel und Schwierigkeiten ausgeräumt worden sind, gebracht wird.

c) Der formelle Vorschlag muß allen Erfordernissen der Praxis genügen. Er muß so gefaßt sein, daß er jederzeit als Urteil vom verantwortlichen Richter verkündet werden könnte.

Das gleiche gilt von dem bei Prüfungsarbeiten zu fertigenden Urteilskopf, der nicht selten in letzter Minute und deshalb unsorgfältig gefaßt wird.

Der Urteilskopf muß den Bestimmungen des § 313 ZPO. genügen und vollständig sein.

d) Es muß deshalb auch auf den formellen Vorschlag und seine Vorbereitung besondere Sorgfalt verwandt werden.

e) Falsch ist es daher, wenn dieser Teil des Gutachtens oft auf die leichte Schulter genommen und oberflächlich abgetan wird.

Was nützt dem Referendar schließlich ein sachlich zutreffendes Gutachten, wenn er sich zuguterletzt noch alles oder doch viel durch Fehler im praktischen Vorschlag verdirbt.

f) Der Grund, weshalb das Gutachten nicht mit dem sachlichen Ergebnis, sondern mit der Urteilsformel schließt, ist nicht zuletzt der erzieherische, die Referendare auch in der Kunst der Urteilsformulierung zu üben und sicher zu machen.

g) Die Urteilsformel muß sein:

1. klar und eindeutig.

Sie muß für jedermann — auch für den einfachsten Volksgenossen — verständlich sein.

Sie darf nicht zu Zweifeln und verschiedenen Auslegungen Anlaß geben, da sonst die Vollstreckung des Urteils — das regelmäßige Endziel des Klägers — gestört oder sogar unmöglich gemacht wird,

2. kurz und auf das Wesentliche beschränkt.

Sie muß Aufschluß über die getroffene Entscheidung geben, nicht mehr und nicht weniger.

Alles Überflüssige ist wegzulassen, weitschweifige Formeln sind zu vermeiden!

Man muß bestrebt sein, alles auf einen klaren und kurzen Nenner zu bringen,

3. vollständig.

Die Urteilsformel muß den gesamten Streitstoff zur Erledigung bringen, d. h. es darf kein Antrag unerledigt bleiben.

Es ist ein Zeichen von Flüchtigkeit, wenn in der Formel

eine im Gutachten auf vielen Seiten behandelte Widerklage oder auch nur ein Antrag auf Vollstreckungsnachlaß einfach vergessen werden.

Auch die Nebenentscheidungen wie Zinsen, Kosten und vorläufige Vollstreckbarkeit sind stets zu beachten und zu bringen.

h) Den Parteien darf aber — das ist andererseits zu beachten, auch hiergegen wird nicht selten verstoßen — nicht mehr zugesprochen werden, als sie beantragt haben.

i) Bei schwierigen Sachen — z. B. Anfechtungsklagen nach dem Einzelgläubiger-Anfechtungsgesetz — wird man auf die Formulierung der Urteilsformel besondere Sorgfalt verwenden müssen. Man wird nach der kürzesten, schlichtesten und zugleich verständlichsten Fassung suchen.

k) Gegebenenfalls kann man auch durch Äußerlichkeiten wie Einrücken und Absätze sehr viel zur Übersichtlichkeit der Urteilsformel beitragen.

l) So wird man die Kostenentscheidung stets in einem besonderen Absatz bringen.

m) Die Kostenentscheidung selbst ist in diesem Abschnitt nicht nur zu formulieren, sondern zunächst auch noch zu finden und zu begründen.

Das ist in der Regel einfach, so z. B. wenn die Entscheidung voll zur Klagabweisung oder zur Verurteilung führt.

Schwieriger dagegen, wenn die Entscheidung teils zugunsten und teils zuungunsten der Parteien ausfällt, oder wenn etwa mehrere Kläger oder Beklagte beteiligt sind und die Entscheidung bezüglich der einzelnen Kläger oder Beklagten verschieden ausfällt.

In solchen Fällen wird man sich am besten zunächst an Hand eines Kommentars, wie z. B. Sydow-Busch oder Baumbach, allgemein unterrichten und dann den Fall selbst entscheiden.

Auch auf die Fassung der Kostenentscheidung ist hierbei besondere Obacht zu geben, da sich bei verwickelten Sachen hier sehr leicht Fehler einschleichen.

n) Bei der Entscheidung des Kostenpunktes muß man sich stets ihrer besonderen wirtschaftlichen Bedeutung für die Parteien bewußt sein, denn für diese ist es im praktischen Ergebnis sehr wesentlich, ob sie die ganzen Kosten oder nur einen Teil zu tragen haben.

o) **Die gleiche Bedeutung haben auch die Fragen der vorläufigen Vollstreckbarkeit und des Vollstreckungsnachlasses, denn es hängt von ihrer Entscheidung wirtschaftlich viel für die Parteien ab.**

p) Ausgetragene Streitfragen sind natürlich kurz abzutun, besondere Fragen dagegen mit aller Sorgfalt und Gründlichkeit zu behandeln.

12. Der formelle Vorschlag.

Der im vorigen Abschnitt vorbereitete und ausgeführte Vorschlag ist nunmehr als Abschluß des Gutachtens unter besonderer Hervorhebung in vollem Wortlaut wiederzugeben.

Mit ihm schließt das Gutachten — da sein Ziel damit erreicht ist — ab.

13. Zur Zusammenfassung seien an dieser Stelle **die Weisungen des Reichs-Justizprüfungsamtes für die Anfertigung der praktischen häuslichen Arbeit** (Palandt-Richter: Die Justizausbildungsordnung des Reiches, 1934, S. 193 ff.) im Wortlaut wiedergegeben:

1. Dem **Gutachten** und dem **Urteilsentwurf** ist der Inhalt der letzten mündlichen Verhandlung zugrunde zu legen, wie er bei verständiger Würdigung den Akten und den etwa für die Benutzung bei der Prüfung hinzugefügten Vermerken zu entnehmen ist. Willkürliche Unterstellungen sind nicht statthaft. Schreibfehler, Rechnungsfehler und ähnliche offenbare Unrichtigkeiten sind zu berichtigen; die Berichtigung ist in einer Anmerkung kenntlich zu machen. Wird an einer Stelle der Arbeit auf eine andere verwiesen, so ist die Seitenzahl anzugeben.

2. Im **Gutachten** ist der Inhalt der Akten als bekannt vorauszusetzen; auf die Aktenblätter ist im Gutachten und im Tatbestande am Rande hinzuweisen.

Das Gutachten muß zu einem bestimmten Vorschlage führen. Die Anordnung muß sich nach der Lage des Falles richten. Bei den von Amts wegen zu berücksichtigenden Umständen ist das Ergebnis der Prüfung nur mitzuteilen, wenn dazu ein besonderer Anlaß besteht. Das vom Gericht eingehaltene Verfahren ist nur insoweit zu erörtern, als Beanstandungen erhoben oder zu erheben sind, die für den Vorschlag Bedeutung haben. Das Gutachten darf sich nicht auf die Erörterung der prozeßrechtlichen oder sonst der Sachprüfung vorausgehenden Fragen beschränken; führt deren Beantwortung zur Entscheidung des Rechtsstreits, so ist der sachliche Streit in einem Hilfsgutachten zu erörtern. In einem solchen ist auch dann eine Beweisaufnahme zu würdigen und die Sache dementsprechend zu beurteilen, wenn die Notwendigkeit der Beweisaufnahme verneint wird. Erscheint die Ausübung des richterlichen Fragerechts innerhalb der gesetzlichen Grenzen geboten, so ist festzustellen, worauf sich die den Parteien vorzulegende Frage zu richten hat, gleichwohl aber die Streitlage zunächst von der Annahme aus zu prüfen, daß eine Aufklärung nicht erreicht ist. Nur wenn besondere Umstände die Annahme rechtfertigen, die gestellte Frage werde in bestimmter Weise beantwortet werden, ist nunmehr das Ergebnis den weiteren Ausführungen zugrunde zu legen. Richtet sich der Vorschlag auf eine Beweisaufnahme, die nach den Akten nicht stattgehabt hat, so ist für die Bearbeitung zu unterstellen, daß die Beweisaufnahme angeordnet worden ist und zu einem bestimmten Ergebnis geführt hat.

3. Der **Urteilsentwurf** muß der Vorschrift des § 313 Abs. 1 ZPO. genügen. Im Tatbestand ist jedoch von einer Bezugnahme auf die Schriftsätze und auf die zu Protokoll erfolgten Feststellungen, insbesondere auch auf Beweisverhandlungen, regelmäßig abzusehen, ebenso in Berufungssachen von einer Bezugnahme auf das Urteil der ersten Instanz; dies gilt nicht für Verträge, Rechnungen, Schreiben oder sonstige Urkunden umfangreichen Inhalts. Im übrigen hat sich der Tatbestand auf eine gedrängte Darstellung des Sach- und Streitstandes zu beschränken; unbeschadet der Vollständigkeit dieser Darstellung sind daher solche Prozeßvorkommnisse und Parteibehauptungen, auf die es für die Entscheidung oder für das Gutachten unmöglich ankommen kann, sowie solche Rechtsausführungen, deren Bericht nicht zum Verständnis des Streitstandes erforderlich ist, in dem Tatbestande wegzulassen. Die unterstellten Ergebnisse einer Ausübung des Fragerechts oder einer Beweisaufnahme sind in den Tatbestand kurz aufzunehmen und in einer Anmerkung als Unterstellungen kenntlich zu machen.

4. Die Vorschriften über die Parteivernehmung, den Schätzungseid und den Editionseid unter b, c und d des Artikels 1 Nr. IV des Reichsgesetzes zur Änderung des Verfahrens in bürgerlichen Rechtsstreitigkeiten vom 27. Oktober 1933 — RGBl. I S. 780 — sind gegebenenfalls auch für die Zeit vor dem 1. Januar 1934 an Stelle der bis dahin in Geltung gewesenen entsprechenden Vorschriften bei der Bearbeitung der Prozeßakten anzuwenden.

V. Vorbereitung des Gutachtens.

1. Völlige und klare Beherrschung des Streitstoffes ist erste Voraussetzung.
2. An diese muß sich als zweites ein gründliches Durchdenken des Stoffes an Hand der für den Aufbau des Gutachtens aufgestellten Regeln anschließen.

   Ohne Kommentar, ohne Lehrbücher, lediglich mit Hilfe des Gesetzestextes, oft ist auch dieser entbehrlich!

   Der Referendar neigt dazu, viel zu schnell an die Ausführung zu gehen. Dieses wegbereitende Durchdenken ist aber die Grundlage für alles Weitere.

   Ziel dieser Denkarbeit ist Hineindenken, Hineinfühlen und Hineinwachsen in den Tatsachenstoff, um diesen gleichzeitig rechtlich zu erfassen.
3. Das Ergebnis dieser Denkarbeit wird als drittes in einer Skizze — gegliedert nach den Aufbauregeln — niedergelegt.

   Wo Zweifel bestehen, bringt man diese zum Ausdruck, alles nur durch kurze Stichworte.

   Die Skizze muß aber zu Ende geführt werden, sonst hat sie keinen Wert.

   Grund: Die Sache muß zunächst einmal rechtlich zu Ende durchgegangen werden.
   Das führt zur Klarheit.
   Das führt zu den möglichen Entscheidungen, was einen Schritt vorwärts bedeutet.

   Eine sorgsame Skizze verhindert Fehler und ein Übersehen wichtiger Punkte.
4. Nun folgt als viertes die gründliche Durcharbeitung der einzelnen Gutachtenabschnitte.

   Hierbei muß der Referendar aber dauernd das praktische Gesamtziel seiner Arbeit — eine gerechte und billige Entscheidung zu finden — im Auge behalten.

   Hierhin gehört die Prüfung der Rechtsprechung und Rechtslehre.

5. **Im Zusammenhang mit dieser gründlichen Durcharbeitung empfiehlt sich fünftens eine Stoffsammlung für das Gutachten.**

Man soll nicht an die Ausführung selbst gehen, ehe das Gesamtbild feststeht.

Deshalb legt man das Ergebnis der gründlichen Prüfung am besten in einer übersichtlichen Stoffsammlung nieder — etwa jeden Gutachtenabschnitt auf besonderem Bogen — und kann dann nach Fertigstellung derselben nunmehr an die Ausführung selbst gehen.

6. **Bei der Ausführung ist auf größte Übersichtlichkeit und Klarheit, schlichte und lebensnahe Sprache und die Vermeidung von unnötigen Weitläufigkeiten besonderer Bedacht zu nehmen.**
7. Gutes Deutsch und guter Stil sind die beste Empfehlung für eine Arbeit und selbstverständliche Voraussetzung.

VI. Hilfsgutachten und Unterstellungen.

1. Für Hilfsgutachten enthalten die Weisungen des Reichsjustizprüfungsamtes für die Anfertigung der praktischen häuslichen Arbeit (vgl. S. 68) folgenden Hinweis:

„Das Gutachten darf sich nicht auf die Erörterung der prozeßrechtlichen oder sonst der Sachprüfung vorausgehenden Fragen beschränken; führt deren Beantwortung zur Entscheidung des Rechtsstreits, so ist der sachliche Streit in einem Hilfsgutachten zu erörtern. In einem solchen ist auch dann eine Beweisaufnahme zu würdigen und die Sache dementsprechend zu beurteilen, wenn die Notwendigkeit der Beweisaufnahme verneint wird."

Ein Hilfsgutachten kommt hiernach in folgenden zwei Fällen in Frage:

a) wenn die Untersuchung ohne ein Eingehen auf die Sache selbst zur Klagabweisung führt (s. S. 52 Ziffer g und h des Grundrisses),
b) wenn das Gutachten zwar zu einer sachlichen Entscheidung führt, die Notwendigkeit einer in den Akten vorhandenen Beweisaufnahme aber geleugnet wird.

Im letzteren Falle ist

im Hauptgutachten unter Außerachtlassung der stattgefundenen Beweisaufnahme zu entscheiden,

und dann im Hilfsgutachten diese Beweisaufnahme zu würdigen und gemäß dem Ergebnis dieser Würdigung ein sachlicher Vorschlag zu machen, der Bedeutung gewinnt, wenn die Beweisaufnahme entgegen dem Hauptgutachten doch für notwendig erachtet wird.

2. Eine andere Behandlung erfahren dagegen nach den genannten Weisungen

die Ausübung des richterlichen Fragerechts

und der Vorschlag einer Beweisaufnahme, die nach den Akten nicht stattgefunden hat.

Über die Ausübung des richterlichen Fragerechtes sagen die Weisungen folgendes:

„Erscheint die Ausübung des richterlichen Fragerechtes innerhalb der gesetzlichen Grenzen geboten, so ist festzustellen, worauf sich die den Parteien vorzulegende Frage zu richten hat, gleichwohl aber die Streitlage zunächst von der Annahme aus zu prüfen, daß eine Aufklärung nicht erreicht ist. Nur wenn besondere Umstände die Annahme rechtfertigen, die gestellte Frage werde in bestimmter Weise beantwortet werden, ist nunmehr das Ergebnis den weiteren Ausführungen zugrunde zu legen."

Führt das Gutachten zur Beweisanordnung, so ist nach den Weisungen zu beachten:

„richtet sich der Vorschlag auf eine Beweisaufnahme, die nach den Akten nicht stattgehabt hat, so ist für die Bearbeitung zu unterstellen, daß die Beweisaufnahme angeordnet worden ist und zu einem bestimmten Ergebnisse geführt hat".

In den Fällen zu b findet also eine Einarbeitung in das Hauptgutachten statt, ein Hilfsgutachten kommt hier nicht in Frage.

Zu beachten ist noch Folgendes:

„Die unterstellten Ergebnisse einer Ausübung des Fragerechts oder einer Beweisaufnahme sind in den Tatbestand kurz aufzunehmen und in einer Anmerkung als Unterstellungen kenntlich zu machen."

Hier also ausnahmsweise Anmerkungen zum Tatbestand oder Sachbericht.

VII. Die Widerklage.

Die Behandlung der Widerklage im Sachbericht und Gutachten bietet einige Besonderheiten, die der Bedeutung der Widerklage wegen kurz dargestellt seien.

Bewußt bringe ich die Regeln für die Behandlung der Widerklage in diesem kurzen Abschnitt, da mir im Hauptteil zunächst daran lag, den Grundaufbau von Sachbericht und Gutachten darzustellen.

Bei der Fassung der nachstehenden Leitsätze gehe ich von der Durcharbeitung des Vorhergehenden aus.

a) Die Behandlung der Widerklage im Sachbericht.

Hier sind zwei Möglichkeiten als hauptsächlich in der Praxis vorherrschend zu unterscheiden:

1. deckt sich in sehr vielen Fällen der Sachverhalt der Klage mit dem der Widerklage.

   Der Kläger und der Beklagte als Widerkläger leiten aus demselben tatsächlichen Lebensvorgang Ansprüche gegeneinander ab.

Der Sachverhalt ist also hinsichtlich Klage und Widerklage ein und derselbe.

Das bedeutet aber nicht, daß der ganze Sachverhalt unstreitig sein müßte. Bei Vorliegen von Klage und Widerklage wird das kaum vorkommen. Der Sachverhalt wird vielmehr, wie in der Regel, zum Teil unstreitig und zum Teil streitig sein.

Liegt ein Fall dieser Art vor, dann wird zunächst, wie im einfachen Prozeß, ohne Widerklage dargestellt

a) das Unstreitige,
b) das streitige Vorbringen des Klägers zur Klage,
c) der Klagantrag,
d) der Klagabweisungsantrag,
e) und der Widerklageantrag.

   Praktisch etwa so:

   der Beklagte erhebt ferner Widerklage und beantragt:
   den Kläger zur Zahlung von 1000 *RM* zu verurteilen,

f) das streitige Vorbringen des Beklagten,

das in diesem Falle der Übereinstimmung des Sachverhalts gleichzeitig der Stützung der Klagabweisung wie der Widerklage dient.

Praktisch wird man also das Vorbringen des Beklagten zunächst genau so aufbauen wie im einfachen Prozeß und dann nur einen Absatz anschließen, in dem man kurz — sozusagen als Schlußfolgerung aus dem vorhergehenden Tatsächlichen — den Vortrag der Widerklage bringt,

g) den Antrag des Klägers zur Widerklage.

Praktisch etwa so:

der Kläger beantragt zur Widerklage,

die Widerklage abzuweisen.

h) Die Erwiderung des Klägers,

die sich dann auch im tatsächlichen Fundament hinsichtlich der Ausräumung der Verteidigung des Beklagten zur Klage wie hinsichtlich der Widerklage decken würde.

Werden zur Widerklage Besonderheiten vorgetragen — das gilt für Kläger und Beklagten — dann sind dieselben natürlich im Zusammenhang mit der Darstellung der Widerklage besonders vorzutragen.

Der weitere Aufbau des Sachberichts ergibt sich in diesem Falle aus dem Entwickelten von selbst.

2. In zahlreichen Fällen decken sich dagegen Klagvortrag und Widerklagvortrag nicht.

Beide — Klage und Widerklage — beruhen vielmehr auf ganz verschiedenen, voneinander unabhängigen tatsächlichen Vorgängen.

Hier ist der für die erste Möglichkeit gegebene Weg nach der Natur der Sache ausgeschlossen.

Hier muß man, um die Klarheit, Übersichtlichkeit und Anschaulichkeit des Sachberichts zu gewährleisten, die Darstellung des Sachberichts zur Klage und des zur Widerklage voneinander trennen.

So ergibt sich folgendes Aufbaubild:

a) Unstreitiges zur Klage

— zur Widerklage gegebenenfalls dann und insoweit, als vielleicht doch im Einzelfall Beziehungen der an sich verschiedenen Vorgänge zueinander bestehen. Das hat u. U. den Vorzug, daß man, wenn z. B. die Vorgänge einander zeitlich folgen, ein geschlossenes, zeitlich geordnetes Bild geben kann —

b) streitiger Klagvortrag,

c) Klagantrag,

d) Klagabweisungsantrag,

e) und Widerklageantrag,

f) streitiges Vorbringen des Beklagten zur Klage wie im Normalfall,

g) Unstreitiges zur Widerklage,
eingeleitet praktisch etwa so: Der Widerklage liegt folgender Sachverhalt zugrunde:

h) streitiger Widerklagevortrag,

i) Abweisungsantrag des Klägers zur Widerklage,

k) Erwiderung des Klägers zur Verteidigung des Beklagten gegenüber der Klage,

l) streitiges Vorbringen des Klägers zur Widerklage,
— in besonderen Fällen kann man die Ziffern k und l vielleicht auch umstellen. Das hat den Vorzug, daß dann die Widerklage in einem Zuge behandelt wird. Meist schadet es aber nichts, zunächst die Erwiderung des Klägers zur Klage zu bringen. Dies ist auch das Natürlichere, da den Kern des Prozesses — prozessual gesehen — stets die Klage, nicht aber die Widerklage bildet. Wirtschaftlich gesehen kann es natürlich auch umgekehrt sein. —

Das Weitere ergibt sich von selbst oder entspricht den normalen Regeln.

Bei der Darstellung der Beweisbeschlüsse und des Beweisergebnisses wird man in Fällen der zweiten Möglichkeit stets Klage und Widerklage getrennt behandeln; bei Fällen der ersten Möglichkeit wird sich dagegen meist einheitliche Darstellung empfehlen.

Eines sei noch als wichtig hervorgehoben:

Gerade bei Prozessen mit Widerklage ist auf stärkste Zusammenfassung des Stoffes, klare und übersichtliche Anordnung der größte Wert zu legen, da sonst leicht Durcheinander und Unklarheiten entstehen.

b) Die Behandlung der Widerklage im Gutachten.

Hier spielt die Unterscheidung zwischen den beim Sachbericht auseinandergehaltenen Möglichkeiten keine so ausschlaggebende Rolle, wenn die gutachtliche Behandlung der Klage, z. B. im Falle der negativen Feststellungswiderklage, gleichzeitig auch der Vorbereitung und Entscheidung der letzteren dient.

Grundsätzlich ist aber zu beachten, daß mit der Klage und Widerklage selbständige und voneinander verschiedene Ansprüche erhoben werden, die deshalb auch eine selbständige, voneinander getrennte gutachtliche Behandlung erfordern.

Das Gutachten wird also — von besonderen Ausnahmen abgesehen — in zwei selbständige Gutachten,

nämlich das Gutachten zur Klage
und das Gutachten zur Widerklage
zerfallen.

Jedes dieser beiden Gutachten wird sich nach den entwickelten Grundsätzen aufbauen.

Nur die beiden letzten Abschnitte
also: die Vorbereitung des formellen Vorschlages und der Nebenentscheidungen
und der formelle Vorschlag selbst
wird man am Schluß gemeinschaftlich und zusammenfassend für Klage und Widerklage bringen.

Erst in diesem Stadium des Gesamtgutachtens werden sich die Nebenentscheidungen und der formelle Vorschlag voll übersehen lassen.

Alles übrige folgt den allgemeinen, bereits entwickelten Regeln und ergibt sich aus diesen von selbst.

VIII. Berufungssachen.

Unter den Relationen nehmen Berufungssachen naturgemäß einen breiteren Raum ein. Sachbericht und Gutachten der Oberlandesgerichtsstation haben stets nur Berufungssachen zum Gegenstand. Deshalb seien auch die Besonderheiten, die sich aus dem Vorliegen eines erstinstanzlichen Urteils ergeben, für Sachbericht wie Gutachten kurz entwickelt.

a) Die Behandlung von Berufungssachen im Sachbericht.

Hier sind zwei Methoden möglich:

Die historische oder die Vereinigungsmethode.

Die erstere bringt zunächst den Prozeßstoff erster Instanz, dann die ergangene Entscheidung und anschließend den Prozeßstoff der zweiten Instanz.

Die Vereinigungsmethode bringt dagegen den gesamten Prozeßstoff beider Instanzen auf einen einheitlichen Nenner und trägt denselben als geschlossenes Ganzes vor.

Welcher Weg im Einzelfalle den Vorzug verdient, hängt ganz allein von den besonderen Begleitumständen und der Sachlage des jeweils zu bearbeitenden Falles ab.

Für den Regelfall scheint mir nach gemachten Erfahrungen aber die historische Methode besser zu passen.

Für die historische Methode würde sich folgender Aufbau ergeben:

Zeitform: Imperfekt	1.	Unstreitiges — Falls sich in der zweiten Instanz noch neues Unstreitiges herausstellt, ist dieses auch in diesen Teil mit einzuarbeiten. Das erfordert, soweit angängig, die Geschlossenheit und Klarheit des Aufbaues. —
Perfekt	2.	Streitiger Klagvortrag des Klägers erster Instanz.
Perfekt	3.	Klagantrag, also Antrag erster Instanz, aber ohne besondere Hervorhebung (s. Beispiel X).
Perfekt	4.	Antrag des Beklagten erster Instanz aber ohne besondere Hervorhebung.

Perfekt	5.	Streitiger Vortrag des Beklagten erster Instanz.
Perfekt	6.	Darstellung der Beweisanordnung und des Beweisergebnisses erster Instanz.
Perfekt	7.	Das Urteil erster Instanz mit dem Kern der Entscheidungsgründe.
Perfekt	8.	Bericht über die Berufungseinlegung.
Gegenwart	9.	Antrag des Berufungsklägers, also Antrag der zweiten Instanz.
Gegenwart	10.	Antrag des Berufungsbeklagten, also Antrag der zweiten Instanz.
Gegenwart	11.	Neuer Vortrag des Berufungsklägers.
Gegenwart	12.	Neuer Vortrag des Berufungsbeklagten.
Perfekt	13.	Darstellung einer etwaigen Beweisanordnung und des Beweisergebnisses zweiter Instanz.

Bei der Darstellung ist die ursprüngliche Prozeßrolle der betreffenden Partei zugrunde zu legen.

Man spricht vom Kläger und Beklagten und nicht vom Berufungskläger und Berufungsbeklagten, da sonst leicht Unklarheiten entstehen.

b) Die Behandlung des Gutachtens bei Berufungssachen.

Hier ist nur ein Grundsatz aufzustellen. Wer den beachtet, kann nichts verfehlen.

Das Gutachten in Berufungssachen wird aufgebaut wie ein Gutachten erster Instanz.

Im Gegensatz zum Sachbericht wird das Gutachten völlig selbständig, ich möchte, um es deutlich zu machen, sogar sagen, völlig unabhängig von dem Urteil erster Instanz aufgebaut.

Entstehen hinsichtlich der Zulässigkeit der Berufung Schwierigkeiten, so sind diese vorweg zu erörtern wie andere prozessuale Vorfragen in erster Instanz auch.

Die aufgestellte Regel schließt nicht aus, daß man z. B. bei der Beweiswürdigung auch zu der etwa entgegengesetzten Auffassung des ersten Richters sachlich Stellung nimmt.

IX. Praktisches Beispiel erster Instanz.

Vorbemerkung: Bei Abfassung des Grundrisses habe ich zunächst geschwankt, ob ich überhaupt Beispiele bringen sollte. Nach gemachten praktischen Erfahrungen führen Beispiele nämlich in die Versuchung, nur nach diesen zu arbeiten, ohne die Regeln und Grundgedanken durchgedacht und erfaßt zu haben.

Auf vielfachen Wunsch von Ausbildern wie Referendaren habe ich mich aber doch entschlossen, Beispiele zu bringen, die ich aber bewußt auf zwei beschränkt habe. Den Beispielen sind in voller Absicht ganz einfache Lebensvorgänge ohne besondere tatsächliche oder rechtliche Schwierigkeiten zugrunde gelegt, da sie nur die Aufgabe haben sollen, die Grundlinien des Aufbaues anschaulich zu machen. Hat der Referendar die Regeln verarbeitet und sich an den Anschauungsbeispielen über die Art ihrer Anwendung unterrichtet, so wird es ihm ein Leichtes sein, auch schwierigerer Fälle Herr zu werden. Mit dem gleichzeitigen Vorzug, die Regeln nicht nachgeschrieben, sondern selbständig und nach den Bedürfnissen des Einzelfalles angewandt zu haben.

Beispiel.

Als Titelblatt bringt man den Urteilskopf und teilt ferner mit, von wem die Relation vorgelegt wird. Hier sei gleichzeitig noch bemerkt, daß der Referendar auch dafür Sorge tragen muß, daß die Arbeit äußerlich im besten Zustand ist. Bei größeren Relationen ist es zweckmäßig, diese heften und mit einem Pappumschlag versehen zu lassen.

Sachbericht.

Dem Kläger steht für Warenlieferungen gegen den Schwiegersohn der Beklagten eine ausgeklagte Forderung von 150 RM zu. Verschiedene Versuche des Klägers, zu seinem Gelde zu kommen, sind vergeblich gewesen; eine beim Schuldner vorgenommene Pfändung ist fruchtlos ausgefallen. Eines Tages kam der Kläger in das Geschäft der Beklagten, die die Kolonialwarenhandlung ihres verstorbenen Ehemanns weiterführt. Er klagte ihr sein Leid und brachte hierbei zum Ausdruck, daß er das Geld unbedingt zur Abdeckung eigener Verpflichtungen benötige. Die Beklagte sprach ihr Bedauern hierüber aus und wies den Kläger auf die bestehende schwierige wirtschaftliche Lage ihres Schwiegersohnes hin mit dem Hinzufügen, daß dieser schon, sobald er könne, den Betrag bezahlen würde. Der Kläger gab sich aber hiermit nicht zufrieden. Er drang vielmehr darauf, die Beklagte möchte doch die Angelegenheit für ihren Schwiegersohn regeln und aus der Welt schaffen. In diesem Augenblick betraten die Ehefrau Schulz und der Reisende Schwarz den Laden, wodurch das Gespräch zunächst unterbrochen wurde. Der Kläger ließ aber nicht locker und kam in Gegenwart der genannten Personen auf die Sache zurück.

Über den Inhalt der nunmehr stattgefundenen Besprechung geben die Parteien einander widersprechende Darstellungen.

Der Kläger behauptet, die Beklagte habe sich, wenn auch zögernd, bereit erklärt, für die 150 RM aufkommen zu wollen. Sie habe zwar zunächst gemeint, die Geschäfte ihres Schwiegersohnes gingen sie nichts an, abschließend aber wörtlich gesagt: „Na gut, dann will ich die Sache für meinen Schwiegersohn bezahlen, dafür müssen Sie ihn dann aber auch in Ruhe lassen; ich werde das Geld schon von ihm wiederbekommen.“ Auf Grund dieser Erklärung sei die Beklagte zur Zahlung der 150 RM verpflichtet. Da die Beklagte trotz wiederholter Mahnungen — letzte Fristsetzung bis zum 1. April 1937 — nicht gezahlt habe, sei er genötigt, im Klagewege vorzugehen.

Der Kläger beantragt,

die Beklagte zur Zahlung von 150 RM nebst 4% Zinsen seit dem 2. 4. 1937 zu verurteilen.

Die Beklagte beantragt,

die Klage abzuweisen.

Blattzahlen vermerken!

Sie bestreitet die vom Kläger gegebene Sachdarstellung, insbesondere die ihr vom Kläger in den Mund gelegte Äußerung. Es sei zwar richtig, daß sie infolge des Drängens des Klägers geschwankt habe, ob sie den Betrag nicht einfach bezahlen solle, sie habe sich aber dann doch nicht dazu entschließen können. Die Beklagte behauptet, lediglich gesagt zu haben, „na gut, dann will ich die Sache mal mit meinem Schwiegersohn besprechen, damit Sie zu Ihrem Gelde kommen“. Hiermit habe sie aber nur gemeint, ihren Schwiegersohn zur möglichst beschleunigten Bezahlung veranlassen zu wollen.

Der Kläger könne aber keinesfalls den ganzen Betrag auf einmal und auch keine Zinsen verlangen. Er kenne die schlechte wirtschaftliche Lage der Beklagten ganz genau und hätte sich deshalb von vornherein selbst sagen müssen, daß die Beklagte den Betrag von 150 RM auf einmal nicht aufbringen könnte. Im Falle der Annahme einer Verpflichtung brauche sie, die Beklagte, deshalb höchstens Ratenzahlungen in Höhe von monatlich 10 RM zu leisten.

Durch Vernehmung der Zeugen Schulz und Schwarz ist über die widersprechenden Behauptungen der Parteien hinsichtlich des Inhaltes ihres Gespräches Beweis erhoben worden.

Die Zeugen, die mit den Parteien weder verwandt noch verschwägert sind, und auf deren Beeidigung die Parteien verzichtet haben, haben folgendes bekundet:

Die Zeugin Schulz, 35 Jahre alt, Ehefrau, die bei der Beklagten einkaufen wollte, hat angegeben, daß sie sehr in Eile gewesen sei und deshalb auf den Inhalt des umstrittenen Gespräches kaum geachtet habe.

Der Zeuge Schwarz, 40 Jahre alt und langjähriger Vertreter einer Kolonialwarengroßhandlung, kann sich dagegen der zwischen den Parteien geführten Unterhaltung noch genau erinnern. Er hat bekundet, der Kläger habe sehr auf die Beklagte eingeredet, um sie zur Bezahlung der 150 *RM* für ihren Schwiegersohn zu veranlassen. Die Beklagte sei aber ausgewichen, da sie offenbar nichts davon habe wissen wollen. So habe die Beklagte zwischendurch gesagt, der Kläger müsse etwas mehr Geduld haben, ihr Schwiegersohn sei doch ein ehrlicher Mann und werde ihn nicht um sein Geld bringen. Der Kläger habe sich aber hiermit nicht abspeisen lassen und erklärt, der Schwiegersohn der Beklagten habe ihm schon genug Versprechungen gemacht, ohne sie zu halten. Hierauf habe die Beklagte wörtlich gesagt: „Na gut, dann will ich einmal mit meinem Schwiegersohn sprechen, damit Sie zu Ihrem Gelde kommen.“ Der Kläger habe sich mit dieser Äußerung zufrieden gegeben und kurz darauf verabschiedet. Nach dem Weggang des Klägers habe die Beklagte dann noch gesagt, daß sie bei ihren eigenen wirtschaftlichen Schwierigkeiten keine 150 *RM* für ihren Schwiegersohn bezahlen könne, das müsse doch auch der Kläger einsehen.

Blattzahlen vermerken!

Gutachten.

Mein Vorschlag geht dahin,

die Klage abzuweisen.

Als rechtliche Grundlage des Klaganspruches kommt nach dem Vortrag des Klägers zunächst die Bürgschaft in Frage. Die Erklärung der Beklagten läßt danach erkennen, daß sie für die Schuld ihres Schwiegersohnes einstehen will. Die Parteien haben über die Rechtsnatur der von der Beklagten abgegebenen Verpflichtungserklärung nicht gesprochen und sich darüber auch keine Gedanken gemacht. Die Rechtsform der Bürgschaft dürfte der Sachlage und dem Zweck des Geschäftes am ehesten entsprechen. Die Bürgschaftserklärung, die nach § 766 BGB. der Schriftform bedarf, ist aber hier nur mündlich abgegeben. Eine mündliche Bürgschaft kann jedoch nach §§ 350, 351, 4 HGB. mit Wirksamkeit nur von einem Vollkaufmann übernommen werden. Diese Eigenschaft fehlt der Beklagten. Diese ist zwar gemäß § 1 Ziffer 1 HGB. Kaufmann, da ihr Gewerbebetrieb aber über den Umfang des Kleingewerbes nicht hinausgeht, nur Minderkaufmann.

Wegen Fehlens der Schriftform — die Ausnahmen des Vollkaufmanns (§§ 350, 351 HGB.) und des § 781 BGB. kommen nicht in Frage — scheidet auch die Annahme eines abstrakten Schuldversprechens nach § 780 BGB. aus, für das es im übrigen auch an der erforderlichen Willensrichtung der Beklagten fehlt. Diese wollte nach der behaupteten Erklärung die Kaufpreisschuld ihres Schwiegersohnes so wie diese bestand und als solche bezahlen, nicht aber eine davon losgelöste neue Schuld begründen.

Es verbleibt deshalb nur die Schuldübernahme, wobei die Form der Schuldmitübernahme und die der befreienden Schuldübernahme als möglich in Frage kommen. Nach der vom Kläger behaupteten Erklärung der Beklagten wollte diese, daß ihr Schwiegersohn nichts mehr mit der Sache zu tun haben sollte. Sie wollte also, daß ihr Schwiegersohn als Schuldner des Klägers ausschied und sie dafür an dessen Stelle trete. Das geht mit aller Deutlichkeit aus ihrer Erklärung „dafür müssen Sie meinen Schwiegersohn dann aber auch in Ruhe lassen; ich werde das Geld schon von ihm wiederbekommen", hervor. Auch der Kläger war durchaus hiermit einverstanden. Er wußte, daß sein Schuldner zahlungsunfähig war, er hatte also an dessen Verpflichtung kein Interesse mehr. Die Schuldmitübernahme, bei welcher der Übernehmer nur neben den ursprünglichen Schuldner tritt, scheidet also ebenfalls aus.

Blattzahlen vermerken!

Die befreiende Schuldübernahme kommt nach § 414 BGB. durch Vertrag zwischen dem Gläubiger und dem Übernehmer zustande. Ein solcher Vertrag liegt hier vor und ist nach den gesetzlichen Bestimmungen auch formlos gültig. Die Beklagte ist somit mit dinglicher Wirkung an die Stelle des Schuldners — ihres Schwiegersohnes — getreten. Das bedeutet, da Einschränkungen nicht gemacht sind, daß sie zur Zahlung der fälligen 150 *RM* verpflichtet ist. Der Hauptanspruch der Klage ist hiernach schlüssig.

Der Zinsanspruch ist ebenfalls unter dem Gesichtspunkt der Verzugszinsen nach § 284 ff. BGB. schlüssig dargetan.

Die Verteidigung der Beklagten ist gleichfalls schlüssig. Hat sich nämlich der Vorgang so abgespielt, wie ihn die Beklagte darstellt, dann ist eine Verpflichtung der Beklagten nicht zur Entstehung gelangt. Die nach deren Darstellung abgegebene Erklärung enthält keine Schuldübernahme, da ihr Wille, eine solche Verpflichtung einzugehen, nicht darin zum Ausdruck kommt. Die Beklagte wollte nach ihren Angaben den Kläger nur beschwichtigen, nicht aber selbst für ihren Schwiegersohn einstehen.

Die Entscheidung des Rechtsstreits hängt also davon ab, ob die Beklagte erklärt hat: „Na gut, dann will ich die Sache für meinen Schwiegersohn bezahlen, dafür müssen Sie ihn dann aber auch in Ruhe lassen; ich werde das Geld schon von ihm wiederbekommen“ oder ob sie nur gesagt hat, „na gut, dann will ich die Sache mal mit meinem Schwiegersohn besprechen, damit Sie zu Ihrem Gelde kommen“. Über diese widersprechenden Behauptungen der Parteien war daher Beweis zu erheben.

Für die Beweiswürdigung ist die Aussage der Zeugin Schulz unerheblich, da sie dem Gespräch nicht gefolgt ist.

Blattzahlen vermerken!

Der Zeuge Schwarz dagegen hat sehr bestimmte, ins einzelne gehende und in vielen Punkten mit den Angaben beider Parteien übereinstimmende Bekundungen gemacht. Nach den Angaben des Zeugen hat die Beklagte erklärt: „Na gut, dann will ich mal mit meinem Schwiegersohn sprechen, damit Sie zu Ihrem Gelde kommen.“ Daß diese Bekundung richtig ist, bestätigt die vom Zeugen weiter bekundete Äußerung der Beklagten, sie könne bei ihrer wirtschaftlichen Lage doch keine 150 *RM* für ihren Schwiegersohn bezahlen, das müsse auch der Kläger einsehen. Gerade diese Äußerung, die die Beklagte sofort nach dem Weggang des Klägers gemacht hat, läßt erkennen, daß sich der Zeuge auch hinsichtlich der entscheidenden Erklärung der Beklagten nicht geirrt oder verhört haben kann. Beide Äußerungen passen inhaltlich zueinander, die zweite ist gewissermaßen die Erläuterung und Rechtfertigung der ersten. Hinzu kommt endlich, daß der Zeuge, der zudem völlig unparteiisch ist, ein gewandter und in wirtschaftlichen Dingen erfahrener Reisender ist, für den die Sachlage ohne Schwierigkeiten klar erfaßbar war.

Nach alledem ist die Richtigkeit der Sachdarstellung der Beklagten erwiesen. Damit entfällt die tatsächliche Grundlage des Klaganspruches, der somit abzuweisen ist.

Das zu erlassende Urteil wird lauten:

Die Klage wird abgewiesen.

Die Kosten des Rechtsstreits werden dem Kläger auferlegt.

Das Urteil ist vorläufig vollstreckbar.

Die Kostenentscheidung folgt aus § 91 ZPO., die Entscheidung über die vorläufige Vollstreckbarkeit aus § 709 Ziff. 4 ZPO., unter welche Bestimmung nach herrschender Ansicht auch klagabweisende Urteile hinsichtlich der Kosten fallen.

X. Praktisches Beispiel zweiter Instanz.

Sachbericht.

Der Obergerichtsvollzieher Braun pfändete am 15. Dezember 1936 im Auftrage der Beklagten bei dem Gastwirt Müller in X. wegen einer Forderung von 500 RM ein Klavier (Marke Piano, Fabriknummer 3024).

Der Kläger hat behauptet, das gepfändete Klavier gehöre ihm und sei nur als Pfand beim Gastwirt Müller belassen worden. Hierzu sei es auf folgende Weise gekommen.

Er, der Kläger, sei früher Mieter des Müller gewesen und am 1. April 1936 bei ihm ausgezogen. Wegen eines bestehenden Mietzinsrückstandes von 300 RM hätten sie sich damals dahin geeinigt, daß Müller das Klavier als Pfand zurückbehalten sollte bis der Rückstand in monatlichen Raten von je 30 RM abbezahlt wäre. Infolge von Verdienstausfällen habe er aber die Ratenzahlungen nicht einhalten können, sodaß jetzt noch, und zwar seit dem 1. Januar 1937, 60 RM rückständig seien. Diese würden aber in Kürze bezahlt werden. Beweis für alles: Gastwirt Müller in X., Gartenstraße 15, als Zeuge.

Blattzahlen vermerken!

Die vom Beklagten in das Klavier vorgenommene Pfändung sei daher für unzulässig zu erklären. Der Kläger hat im ersten Rechtszug einen dahingehenden Antrag gestellt, während der Beklagte um Klagabweisung gebeten hat.

Der Beklagte hat die Sachdarstellung des Klägers bestritten. Er hat behauptet, der Kläger sei mit Müller eng befreundet, was sich daraus ergebe, daß beide sich duzten. Es handele sich also nur um Scheinabmachungen, die lediglich den Zweck verfolgten, ihm und anderen Gläubigern die Pfändung des Klaviers unmöglich zu machen. Daß das Klavier nicht dem Kläger sondern Müller gehöre, gehe auch daraus hervor, daß das Klavier seit Monaten, und zwar ohne Widerspruch des Klägers, im Gastwirtsbetrieb des Müller benutzt würde. Bezeichnend sei auch, daß der Kläger im Prozeß von Müller vertreten würde.

Der Kläger ist demgegenüber bei seiner Darstellung verblieben. Er hat zwar zugegeben, mit Müller befreundet zu sein und sich mit ihm zu duzen. Auch sei es richtig, daß Müller das Klavier seit drei Monaten in Benutzung habe, da das vorher noch vorhandene Klavier des Müller von einem anderen Gläubiger desselben versteigert worden sei. Müller habe ihn deshalb gebeten, ihm doch die vorübergehende Benutzung des Klaviers zu gestatten, was er ihm auf Grund ihrer freundschaftlichen Beziehungen auch erlaubt habe. Von einer Schiebung könne keine Rede sein. Nach erfolgter Mietzinszahlung würde er sofort das Klavier von Müller fortholen. Auf Befragen hat der Kläger erklärt, Quittungen über die bewirkten Ratenzahlungen nicht vorlegen zu können, da solche auf Grund der bestehenden Freundschaft nicht ausgestellt worden wären.

Das Amtsgericht in Z. hat auf Grund der mündlichen Verhandlung vom 5. Juli 1937 durch Urteil vom 10. Juli 1937 für Recht erkannt:

Die Klage wird abgewiesen.
Die Kosten des Rechtsstreits hat der Kläger zu tragen.

In den Entscheidungsgründen wird ausgeführt, daß es dahingestellt bleiben könne, ob das Klavier dem Kläger früher einmal gehört habe. Sein etwaiges Eigentum sei spätestens mit der endgültigen Überlassung des Klaviers an Müller auf diesen übergegangen. Der Mietzinsrückstand sei als Kaufpreis für das Klavier gerechnet worden. Das gehe schon daraus hervor, daß Quittungen über die behaupteten Ratenzahlungen nicht vorhanden seien. Diese seien nicht erfolgt, weil die vom Kläger behaupteten Abmachungen nur zum Schein im Interesse des Müller vorgegeben würden. Der Kläger habe sich hierauf wohl auf Grund seiner freundschaftlichen Beziehungen zu Müller eingelassen. Auch die Tatsache, daß Müller, wenn auch äußerlich nur als Vertreter des Klägers den Prozeß selbst führe, sei bezeichnend für die wahren Absichten der Beteiligten.

Blattzahlen vermerken!

Gegen dieses am 20. Juli 1937 zugestellte Urteil hat der Kläger durch einen am 2. August 1937 beim Landgericht eingegangenen Schriftsatz Berufung eingelegt und diese gleichzeitig begründet.

Der Kläger beantragt:

das angefochtene Urteil aufzuheben und nach dem Klagantrag zu erkennen.

Der Beklagte beantragt dagegen,

die Berufung des Klägers zurückzuweisen.

Die Parteien, die den Inhalt des angefochtenen Urteils vorgetragen haben, wiederholen ihr Vorbringen aus dem ersten Rechtszug.

Der Kläger führt zur Rechtfertigung seines Berufungsantrages aus, das Gericht werde sich bei einer Vernehmung des Gastwirts Müller, der im übrigen den Kläger bei der mündlichen Verhandlung vor dem Amtsgericht nur wegen Abwesenheit vertreten habe, überzeugen können, daß die behaupteten Abmachungen ernstlich gewollt seien. Ferner legt der Kläger Rechnung vom 1. Dezember 1934 und Schreiben der Lieferfirma Piano vom 1. August 1937 vor. Nach der Rechnung betrug der Kaufpreis des Klaviers 1400 *RM*. In dem Schreiben wird dem Kläger bestätigt, daß das Klavier, an dem sich die Lieferfirma das Eigentum bis zur völligen Bezahlung des Kaufpreises vorbehalten hatte, mit der letzten Rate von 80 *RM* am 1. Dezember 1935 voll bezahlt worden sei. Hieraus erhelle, daß der Kläger kein Interesse daran gehabt haben könne, das selbst so mühsam abbezahlte Klavier an Müller zu veräußern. Das Klavier sei eigens für den Musikunterricht seiner beiden 12- und 10jährigen Kinder angeschafft worden. Der Kläger habe das Klavier beim Auszug auch mitnehmen wollen, Müller habe das aber nicht zugelassen. Endlich behauptet der Kläger, daß er inzwischen den restlichen Mietzins von 60 Mark an Müller bezahlt habe, worüber er Quittung vom 5. August 1937 vorgelegt hat.

Der Beklagte weist den Behauptungen des Klägers gegenüber darauf hin, daß der Kläger das Klavier nach seinen eigenen Angaben gar nicht aus der Pfandhaft habe lösen können. Daß sich Müller jetzt aus dem Prozeß heraushalte, sei nichts als ein geschicktes Manöver.

Blattzahlen vermerken!

Das Berufungsgericht hat durch Vernehmung des Gastwirts Müller Beweis über den Inhalt der zwischen dem Zeugen und dem Kläger getroffenen Vereinbarung und ihre Ernstlichkeit erhoben und den Zeugen die in seinen Händen befindlichen Unterlagen über das Mietverhältnis zum Kläger, insbesondere die Mietzinsabrechnung vorlegen lassen.

Der 49 Jahre alte Zeuge ist uneidlich vernommen worden. Er hat ausgesagt, der Kläger habe 10 Jahre bei ihm zur Miete gewohnt. Im Laufe der Jahre hätten sie sich angefreundet und eines Tages auch gelegentlich einer Festlichkeit Brüderschaft getrunken. Während der Kläger die Miete in den ersten Jahren pünktlich bezahlt habe, sei er in der letzten Zeit oft einen Teil der Monatsmiete schuldig geblieben, sodaß beim Auszug am 1. April 1936 ein Rückstand von 300 *RM* bestanden habe. Der Auszug sei in vollem Einvernehmen erfolgt, weil der Kläger eine billigere Wohnung gefunden habe. Gerade mit Rücksicht auf die schlechte wirtschaftliche Lage des Klägers habe er, Zeuge, auch darauf bestanden, daß das Klavier in seinem Besitz verbleibe, obwohl der Kläger es gern habe mitnehmen wollen. Die Benutzung des Klaviers sei nach der Versteigerung des eigenen Instrumentes vom Kläger gestattet worden, wofür er auf die ihm zustehenden Zinsen verzichtet habe. Der Kläger habe seinen Vorschlag, ihm das Klavier zu verkaufen, abgelehnt, da er es für seine Kinder brauche und froh sei, ein Instrument zu haben.

In dem von dem Zeugen Müller vorgelegten „Mietbuch“, das die Mietzinszahlungen aller Mieter alphabetisch geordnet laufend wiedergibt, sind die Ratenzahlungen des Klägers mit dem Datum als Abträge vermerkt. Der Zeuge hat erläuternd hierzu bemerkt, daß wohl Quittungen gerade mit Rücksicht auf die Eintragungen im Mietbuch nicht erteilt worden seien. Die Vertretung des Klägers im Prozeß sei nur aus Gefälligkeit erfolgt, da sich der Kläger zu der fraglichen Zeit gerade auf einer Geschäftsreise befunden habe. Der Zeuge hat bestätigt, vom Kläger am 5. August 1937 den Restbetrag von 60 *RM* erhalten zu haben, sodaß er jetzt voll befriedigt sei.

Gutachten.

Gegen die Zulässigkeit und Ordnungsmäßigkeit der Einlegung der Berufung bestehen keine Bedenken.

Mein Vorschlag in der Sache selbst geht dahin,

der Berufung des Klägers stattzugeben.

Blattzahlen vermerken!

Der Kläger stützt die von ihm erhobene Widerspruchsklage — § 771 ZPO. — auf Eigentum. Dieses hatte der Kläger nach seinem schlüssigen Vortrag von der Lieferfirma mit Bezahlung der letzten Rate erworben. Nach der Sachdarstellung des Klägers hat dieser das Eigentum an dem Klavier auch nach wie vor behalten. Der Gegenstand war nur in Verstärkung des besitzlosen Vermieterpfandrechts des Müller auf Grund Einigung der Parteien und Übergabe an Müller Faustpfand des letzteren zur Sicherung seiner Mietzinsrestforderung geworden. Diese Rechtslage änderte aber nichts an dem Eigentumsrecht des Klägers, beeinträchtigte insbesondere auch nicht das Recht des Klägers, zur Wahrung seines Eigentums im Wege der Widerspruchsklage gegen den Beklagten vorzugehen. Der Beklagte hätte, wenn er den in dem Pfandrecht seines Schuldners an dem Klavier verkörperten wirtschaftlichen Wert für sich hätte ausnutzen wollen, die Mietforderung seines Schuldners gegen den Kläger pfänden müssen. Das erwirkte Pfändungspfandrecht würde sich dann auch auf das zur Sicherung der Mietforderung bestellte Faustpfand erstreckt haben. Mit der vom Kläger im zweiten Rechtszuge behaupteten Zahlung der Mietzinsrestforderung von 60 *RM* ist im übrigen das Pfandrecht des Müller erloschen, so daß dem Kläger nunmehr wieder das unbelastete Eigentum an dem Klavier und ein Herausgabeanspruch gegen Müller zusteht.

Die Widerspruchsklage ist somit unter dem Gesichtspunkt des Eigentums schlüssig.

Die vom Beklagten gegebene Sachdarstellung ist ihrerseits gleichfalls schlüssig. Hat der Kläger, wie der Beklagte behauptet, das Klavier an Müller als Abfindung für den restlichen Mietzins veräußert, dann ist Müller Eigentümer geworden und der Beklagte hat ein Vermögensstück seines Schuldners gepfändet, welcher Pfändung der Kläger als nunmehr Nichteigentümer nicht widersprechen kann. In diesem Falle würde die dann nur vorgetäuschte Pfandbestellung zur Sicherung der Mietzinsforderung keinerlei rechtliche Bedeutung und Wirkung haben.

Es kommt also für die Entscheidung des Rechtsstreits darauf an, was in Wahrheit zwischen dem Kläger und dem Gastwirt Müller vereinbart worden ist. Der Kläger muß, wenn er obsiegen will, die Richtigkeit der von ihm behaupteten Sachdarstellung beweisen.

Der vom Amtsgericht getroffenen Beweiswürdigung vermag ich auf Grund des neuen Vorbringens des Klägers, der von ihm beigebrachten Unterlagen sowie auf Grund der Aussage des Zeugen Müller nicht zu folgen. Auf den ersten Blick mag man den Eindruck eines Täuschungsmanövers gewinnen. Diese Auffassung kann aber bei näherer Prüfung der Verhältnisse nicht aufrechterhalten werden. Die in dem angefochtenen Urteil als gegen den Kläger sprechend aufgeführten Umstände haben sämtlich eine natürliche und glaubhafte Erklärung gefunden. Der sehr verdächtige Umstand zunächst, daß der Kläger keine Quittungen über die bewirkten Ratenzahlungen vorlegen konnte, ist durch das vom Zeugen Müller vorgelegte Mietbuch ausgeräumt. Das Mietbuch ist sehr sorgfältig geführt und man kann aus dem Zusammenhang und der Art der Eintragungen mit Sicherheit feststellen, daß es sich bei den Vermerken über die Ratenzahlungen des Klägers nicht um nachträglich etwa zurecht gemachte Eintragungen handelt. Der Kläger, der den Zeugen gut kannte, wußte offenbar, daß er bei der sorgfältigen Buchführung des Müller keine Quittungen brauchte. Daß der Zeuge den Kläger in der ersten Instanz vertreten hat, ist gleichfalls durch die glaubhafte Erklärung des Zeugen als harmlos klargestellt. Zudem kommt es bei Widerspruchsprozessen oft vor, daß der Schuldner für den Widerspruchskläger auftritt, ohne daß daraus nachteilige Schlüsse gegen den Kläger gezogen werden können. Auch die Benutzung des Instrumentes im Betriebe des Zeugen hat eine durchaus einleuchtende und zwanglose Erklärung gefunden. Für die Beurteilung der Gesamtsachlage ist aber ausschlaggebend die Überlegung, daß nicht einzusehen ist, warum der Kläger das mit vieler Mühe durch jahrelange Abzahlungen erworbene Klavier erheblich unter seinem Wert für 300 RM an Müller abgegeben haben sollte. Der vom Beklagten geltend gemachte Gesichtspunkt,

Blattzahlen vermerken!

der Kläger habe eben keinen anderen Ausweg gewußt, um den Mietzinsrückstand abzufinden, entfällt schon wegen des guten Einvernehmens zwischen dem Kläger und dem Zeugen Müller. Dieser dachte auf Grund der freundschaftlichen Beziehungen zum Kläger nicht daran, die Situation zu seinen Gunsten auszunutzen. Müller wollte eben nur nichts an dem Kläger verlieren. Nimmt man die übrige Aussage des Zeugen, die frei von Widersprüchen ist, hinzu und berücksichtigt man endlich, daß der Kläger das Instrument eigens für den Musikunterricht seiner beiden Kinder angeschafft hat, so muß man den vom Kläger zu führenden Beweis als erbracht ansehen.

Der Berufung des Klägers muß daher unter Abänderung des angefochtenen Urteils entsprochen werden. Die Kostenentscheidung folgt aus § 91 ZPO. Ein Ausspruch über die vorläufige Vollstreckbarkeit kommt nicht in Frage, da das Urteil mit der Verkündung rechtskräftig wird.

Es wird folgendes Urteil vorgeschlagen:

Auf die Berufung des Klägers wird das Urteil des Amtsgerichts in Z. vom 10. Juli 1937 dahin abgeändert:

Die vom Obergerichtsvollzieher Braun am 15. Dezember 1936 im Auftrage des Beklagten bei dem Gastwirt Müller in X. unter dem Aktenzeichen D. R. II 538/36 vorgenommene Zwangsvollstreckung in ein Klavier — Marke Piano, Fabriknummer 3024 — wird für unzulässig erklärt.

Die Kosten des Rechtsstreits werden dem Beklagten auferlegt.

Blattzahlen vermerken!

Sachregister.

Die Ziffern bedeuten die Seiten.

FSC
www.fsc.org
MIX
Papier | Fördert
gute Waldnutzung
FSC® C083411

Kolibri 360 GmbH
Ferdinand-Jühlke-Straße 7
99095 Erfurt, Deutschland
produktsicherheit@kolibri360.de